GERMAN
Commercial Correspondence
A First Practice Book

MICHAEL PAINE

HARRAP
London Paris

First published in Great Britain 1991
by HARRAP BOOKS Ltd
Chelsea House, 26 Market Square,
Bromley, Kent BR1 1NA

ISBN 0 245 60302-6

Designed by Roger King Graphic Studios.
Printed in Great Britain by
Mackays of Chatham Ltd, Kent.

To P.G.P.

CONTENTS

INTRODUCTION

German Commercial Correspondence is a self-study course for students of German who want to learn the structures and vocabulary of German business letters. Students using the course should have basic knowledge of German grammar and a vocabulary of about 2000 words. Footnotes are provided to explain purely idiomatic expressions. All words necessary to understand the letters are highlighted in the text and included in the glossary of German and English equivalents at the end of the book. A full key is provided for the letters, the comprehension questions and the guided-writing exercises.

The book is divided into four main parts. Part 1 covers 12 introductory subject areas. Each unit is based on four short practice letters which combine to form the material for gap-filling and sentence re-ordering exercises. Intensive practice on sentence structure is provided in the Drill sections where many more vocabulary items are introduced. The Drills are followed by a Grammar Check which seeks to clarify any grammatical difficulties and provides a general revision of the main grammatical points that occur in the letters.

Part 2 introduces 8 further subject areas for study and practice. The letters in this section are unsimplified and longer than those in Part 1, but students who have worked carefully through the first 12 units will have little or no difficulty in completing Part 2.

The recall exercises that make up Part 3 are designed for consolidation and revision. It is best to attempt them some time after reading the corresponding material in Part 1 or Part 2, checking answers against the letters in the relevant unit.

The Key in Appendix 1 provides equivalent English versions (not literal translations) of all the letters, answers to the comprehension questions and exercises, plus suggested answers for the guided letter writing exercises. Complete answers are also provided for the drill sections.

German Commercial Correspondence is, therefore, ideally suited both for home study students as well as for full-time students following a wide variety of secretarial and business courses leading to the RSA, the LCCI, The Institute of Linguists and the BTEC examinations. It will also prove a valuable work of reference for secretaries who have to use German as a means of everyday communication with overseas customers. On completing the course, students will have become familiar with the main structural and functional patterns of German business correspondence, such as asking for information, placing orders, complaining about errors, applying for jobs, etc. They will also have gained active control over essential areas, such as general layout, the salutation, the position of the inside address, abbreviations and the conventional forms of polite address, polite request, saying thank you, etc.

To the Student

The Letters

Note the subject of the unit, then go to Letter 1. Study the letter, paying particular attention to the new vocabulary and language forms. Try to determine the meaning of any new or "difficult" words from the context before looking them up in the German/English glossary. The footnotes will help you with any idiomatic expressions.

Once you have understood the general meaning of the letter, read it through as many times as necessary, until you are satisfied that all details are clear. Next, complete the comprehension questions. To check your full understanding of the letter as well as your answers to the questions, refer to the Key in Appendix 1. Work thı ugh Letters 2, 3 and 4 in the same way.

The Drills

Before beginning the drills, look up the meanings of the new vocabulary items in the glossary. Repeat each drill aloud once or twice, then try to write each sentence from the drill prompts. Check your answers using the Key and re-write the sentences if necessary.

Grammar Check

This section explains the main grammatical points that occur in each unit. Study the explanations and then refer back to the letters and note the use of each point.

The Exercises

The three exercise types in each unit are based on the structures and vocabulary already encountered in Letters 1 — 4. Once again, revise the letters before attempting Exercise 1. If you find the exercise difficult, look back to find the words and phrases you need to complete it. Exercise 2 is a re-ordering exercise which you will be able to complete provided you have fully understood Letters 1 — 4. Again, revise the letters before attempting Exercise 3. The prompts in English are designed to provide a meaning check to test your understanding of the material covered in the unit.

Lastly, check your answers by referring to the Key.

To the Teacher

Although *German Commercial Correspondence* is designed for self-study, it is also suitable for use in the classroom. It can be used as the main course or as a supplementary component of a general course in Business German.

The units are organized so that there is a progression of difficulty throughout the book. However, they can be studied in any order according to the level and the needs of the student. The types of exercises (completion, re-ordering and guided writing) are the same in each of the first 12 units so that students know exactly what is expected of them. Furthermore, the combining of letters in each unit to form the exercises helps students to develop quickly a familiarity and confidence with the lesson material. On completion of the first 12 units, students experience the satisfaction of progressing to the 8 more advanced units of Part 2, where the letters and guided writing exercises are longer.

Michael Paine
Bahrain University, 1991

PART ONE
PRACTICE UNITS 1 – 12

Requests — Anfragen

Study the model letters, answer the questions and complete the exercises.

Brief 1.1

HEINZ REINER AG [1]

Meinhardstraße 14 - Postfach 12 08 43
6050 Offenbach am Main

Richard Ritte AG
Stadhof 8
Postfach 570
6012 Hamburg

Ihre Zeichen, Ihre Nachricht vom,[2] Unsere Zeichen, Unser Sachbearbeiter[3]

Hp/KR/hr

Datum 21.04.19

Betreff:[4] Weedolex

Sehr geehrte Herren,

vielen Dank für die Zusendang Ihrer Broschüre. Wir
interessieren uns besonders für Ihre neuen Produkte der
Weedolex **Reihe***.

Wir wären Ihnen sehr dankbar[5] für die Sendung
ausführlicher* Informationen über diese Produktreihe.

Mit freundlichen Grüßen[6]

Karl Rauch.

Karl Rauch
Einkaufsleiter*

Telefon: (067) 85 07 - 0 Fernschreiber 4 234 907 Telefax 0522/3425/342
Bankverbindung: SMH-Bank, Offenbach (BLZ 785 586 98) 00-342-00
Postscheckkonto: Frankfurt (BLZ 600 300 60) 423 10-308

[1] **Aktiengesellschaft** = limited company
[2] Your reference, your message of
[3] Our reference/person responsible
[4] Concerning/Re
[5] We should be very grateful for
[6] Yours faithfully

a) What did Herr Ritter send to Herr Rauch?
b) What further information does Herr Rauch want Herr Ritter to send him?

Brief 1.2

Sehr geehrter Herr Samusch,

bei **Durchsicht*** Ihrer Broschüre gefiel uns besonders[1] das **Lenkradschloß*** X3/27 auf Seite 43.

Könnten Sie uns bitte mitteilen[2], ob wir diesen Artikel per Direktlieferung **erhalten*** können?

Mit freundlichen Grüßen[3]

Uwe Augenreich
Verkaufsleiter Ausland

---

[1] We have been particularly attracted by
[2] let us know
[3] Yours sincerely

a) Where did Herr Augenreich find out about the X3/27?
b) What is the purpose of this letter?
c) Do the two men know each other? How do you know?

Brief 1.3

Sehr geehrte Herren,

für die Sendung Ihres Informationsbriefes vom 5.3.9...,
in dem Sie Ihre neuen hydraulischen **Wagenheber***
vorstellen*, sind wir Ihnen sehr dankbar.

Ist es Ihnen möglich, uns Name und Adresse eines
Lieferanten* in unserem Raum **mitzuteilen***?

Mit freundlichen Grüßen

F. Britschgi
Geschäftsleiter

a) What was the purpose of the letter Herr Britschgi received?
b) Does he intend to buy direct from the factory?

Brief 1.4

Sehr geehrte Herren,

wir würden uns gerne mit Ihrem Mantelsortiment unserem
Seiden- und Wollhandel **anschließen***.

Wir würden es sehr begrüßen[1], wenn Sie uns Ihre neueste
Preisliste und Ihre **Lieferbedingungen*** im Ausland und
nach Übersee zukommen lassen könnten.

Mit freundlichen Grüßen

Waltraud Schmidt
Geschäftsführerin*

[1] We would be very grateful/pleased

a) How does Waltraud Schmidt want to extend her business?
b) What specifically does she request?

c) What is her position in the firm?

Drills

Complete the sentences as in the examples. Make changes in tense and agreement where necessary :

1) wir / interessieren / uns / besonders für / Ihre neuen Produkte der Weedolex Reihe.
   a) ich / **Einführungsangebote***
   b) wir / Haushaltswaren
   c) ich / **Entwürfe**
   d) unsere Kunden / **Ablage-system***

2) Für die Sendung Ihres / Informationsbriefes vom / 5.3.9.. /, in dem Sie Ihre neuen / hydraulischen Wagenheber / vorstellen, sind / wir / Ihnen sehr dankbar.
   a) Brief / 9.3 9.. / Kontoauszug / ich
   b) Broschüre /23.6.9.. / Preisliste / Herr Traube / Ihnen
   c) Informationsbrief / 7.8.9.. / **Sonderangebote*** / wir

3) Bei Durchsicht Ihrer / Broschüre / gefiel uns besonders das Lenkradschloß X3/27 auf Seite 43.
   a) Rundschreiben / Werkzeugkasten / 54.
   b) **Prospekt*** / Kleider / 72.
   c) der Preisliste / **Preisänderungen*** / 44.
   d) Broschüre / Herr Baum / neue **Besteck***-Sortiment / 67.

Grammar Check

1) **Brief 1.1:** To express something that might happen, you use the appropriate form of **wäre: ich, er, sie, es wäre; wir, Sie, sie wären,** e.g.**Für die Sendung ... wären wir sehr dankbar.**

2) **Brief 1.4:** The conditional is formed with the correct form of **würde: ich, er, sie, es würde; wir, Sie, sie würden,** plus the infinitive, e.g. **Wir würden uns gerne ... anschließen.** Note that in a simple sentence the main verb comes at the end.

3) To express what you would do if......, **wenn** (if) and the imperfect subjunctive is used e.g. **Wir wären Ihnen sehr dankbar, wenn ... zukommen lassen könnten.**

4) Note that in the subordinate clause introduced by **wenn** the verb group is at the end. The other main "subordinating conjunctions" are **als, bevor, bis, da, damit, daß, indem, nachdem, ob, obgleich, obwohl, seitdem, während, weil, wie,** and **wo.**

Übung 1.1

Complete the following letter informing a supplier that you would like to stock their new range of window frames (**beschichtete Alumunium Fensterrahmen**). In addition, you would like more details and an up-to-date price list. You would also like to know whether it is possible to deliver direct from the factory.

```
wir ..... ..... ..... für Ihre neuen

Produkte der ..... ..... Reihe. Wir

..... ..... ..... ....., wenn .....

..... ..... ..... ..... und Ihre .....

..... ..... und ..... ..... ..... .....

könnten. Könnten ..... ..... .....

..... ..... .....mitteilen, ob .....

..... ..... per ..... ..... können?
```

Übung 1.2

Re-order the following to make a letter similar to Letters 1.1—1.4:

Ausland und nach Übersee zukommen

uns Ihre neueste Preisliste

lassen könnten. Mit

ausführlicher Informationen über diese

sehr dankbar. Wir würden es

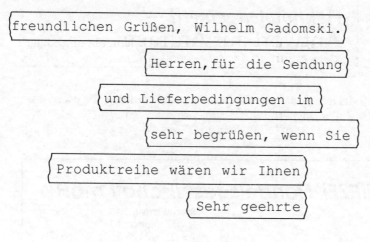

Übung 1.3

Write a letter in German from Franz Berger, the Manager of the König Hotel, 5000 Rensburg 1, Kanzlei Straße 12-13, Tel: 096/30 42, Telex: 04 2134, to Herr Bloch the Director of Hernball AG, Postfach 900065, Rotthäuser Weg 9a, 6230 Frankfurt/Main 80. Include the date and references and:-

– thank them for their letter.
– mention that you are very interested in their kitchen units (**Küchenanbaumöbel**) on page 61 of their brochure.
– ask if they would be kind enought to let you know their current prices and the name and address of a distributor near you.
– end the letter appropriately.

Acknowledgement –
Antwort auf Anfrage

Study the model letters, answer the questions and complete the exercises.

Brief 2.1

HIRZEL Handelsgesellschaft mbH [1]

Stadtwaldstraße 45
D-7000 Stuttgart 1
Tel. 0711/24 89 54 Telex. 755 801

Stuttgart, 4. April 19..

Herrn
Dipl.-Ing.[2] Rolf Müller
Wiener Straße 90
D-3203 Sarstedt

Ihre Zeichen, Ihre Nachricht vom,	Bei Beantwortung bitte angeben[3]	Durchwahl/Hausruf[4]
M/lk	Kurt Lemke	-907

Betreff: Ihr Brief vom 4/3/9...

Sehr geehrter Herr Müller,

mit Bezug auf[5] Ihre Anfrage senden wir Ihnen in der Anlage[6] eine illustrierte Informationsmappe über unsere SELTEK - Reihe.

Wir hoffen, bald von Ihnen zu hören.

Mit freundlichen Grüßen

Kurt Lemke.

Kurt Lemke

Anlage

Bankverbindung: Dresdner Bank AG (BLZ 13000) Konto Nr. 8 900 423

[1] **mit beschränkter Haftung** = with limited liability
[2] **Diplomingenieur** = graduate engineer
[3] In replying please quote
[4] Direct dialling/Extension
[5] With reference to... / Following your request...
[6] enclosed

a) Who sent the letter referred to under **Betreff**.
b) What, in this case, does **Anlage** refer to?

Brief 2.2

```
Sehr geehrter Herr Hegner,

bezugnehmend¹ auf Ihre Anfrage vom 25. Januar senden
wir Ihnen unseren neuesten Katalog.

Wir bedanken uns für Ihr Interesse und schicken Ihnen
gerne weitere Informationen.

Mit freundlichen Grüßen

Hermann Gloatz
Exportleiter
```

[1] With reference to...

a) What was the purpose of the letter Herr Hegner sent on 25th January?
b) Do the two men know each other? How do you know?
c) What is Herr Gloatz's position?

Brief 2.3

Sehr geehrte Frau Klippel,

vielen Dank für Ihr Interesse an unserer Purtex –
Reihe, **Aluminiumtabletts*** A1 und A5 für Lebensmittel-
und Gefrierkostlieferungen.

Unser **Außendienstmitarbeiter*** steht Ihnen jederzeit für
weitere Informationen zur Verfügung[1] und berät Sie
gerne bei der richtigen Wahl Ihrer speziellen **Wünsche***.

Mit freundlichen Grüßen

Frank Dreimeyer
Geschäftsführer

---

[1] at one's disposal

a) What are A1 and A5?
b) What sort of business do you think Frau Klippel has?
c) How do you know that Herr Dreimeyer places particular value on
   this enquiry?

Brief 2.4

Sehr geehrter Herr Reitz,

wir danken für Ihr Schreiben vom 10. August, in dem Sie
uns **Näheres*** über Ihr Sortiment an Flaschen, Schachteln
und **weithalsigen*** **Behältern*** für die Verpackung von
Lebensmitteln, Medikamenten und Kosmetikas mitteilen.

Bitte entnehmen Sie der Anlage unseren neuesten Katalog
sowie unsere **aktuelle*** Preisliste.

Wir erwarten Ihre baldige Bestellung der betreffenden
Artikel.

Mit freundlichen Grüßen

Frank Priefert
Direktor, Sarrabia GmbH

---

a) What was the purpose of the letter written on 10th August?
b) What kind of goods does Sarrabia GmbH manufacture?
c) In addition to the catalogue, what else is enclosed?
d) What would you expect to find written at the end of the letter?

Drills

Complete the sentences as in the examples. Make changes in tense and agreement where necessary:

1) Mit Bezug auf Ihre Anfrage / vom / 25. Januar / senden / wir / Ihnen / eine illustrierte Informationsmappe.

   a) Auf Ihre Anfrage / 6 März / ich / meinen neusten Katalog.
   b) Mit Bezug auf Ihre Anfrage / 9 Februar / ich / eine **Lieferung***.
   c) Auf Anfrage meines Kunden / 8 Juni / wir / eine **Proformarechnung***.
   d) Mit Bezug auf die Anfrage Ihrer Kunden / ich / weitere Informationen.

2) Wir / bedanken / uns / für / Ihr / Interesse und schicken Ihnen gerne / weitere Informationen.

   a) Ich / Anfrage / eine illustrierte Informationsmappe.
   b) Dr. Rauch / Besuch / seine aktuellen **Frachtgebühren***.
   c) Die Architekten / Brief / ihren **Entwurfsvorschlag***.
   d) Wir / Schreiben / unseren letzten **Befund***

3) Bitte entnehmen Sie der Anlage / unseren neuesten Katalog / sowie / unsere aktuelle Preisliste.

   a) weitere Informationen / die **dazugehörige*** Liste.
   b) die **Baugenehmigung*** / neueste Preisliste.
   c) ausführliche Informationen / Lieferbedingungen.
   d) eine Broschüre / unsere aktuelle Informationsmappe.

Grammar Check

Revise the forms of the definite article:

	Singular			Plural
	Masc.	Fem.	Neut.	All genders
Nom:	der	die	das	die
Acc:	den	die	das	die
Gen:	des	der	des	der
Dat:	dem	der	dem	den

The case endings of the indefinite article are the same as those of the singular definite article i.e.

	-e	
-en	-e	—
-es	-er	-es
-em	-er	-em

Übung 2.1

Complete the following letter from a supplier to a client acknowledging his letter and informing him that the representative will supply all supplementary information and advise on the types that will suit their particular requirements.

```
Sehr geehrte Herren,

bezugnehmend auf ..... ..... ..... 25.

Januar ..... ..... ..... ..... .....

Katalog.  Unser ..... ..... .....

jederzeit für weitere ..... ..... .....

und berät Sie gerne bei ..... .....

..... für ..... ..... Wünsche.

Mit ..... .....,

Volker Kleinkirchen

Direktor
```

Übung 2.2

Re-write the following to form a letter similar to Letters 2.1—2.4:

```
                      { Wir erwarten Ihre baldige }

{ Alfons Jarrold, Geschäftsführer. }

              { Dank für Ihr Interesse an unsere Spaß }
```

freundlichen Grüßen, Jansen GmbH,

und Spiel - Reihe, Zapf-Kinderhaus,

Bestellung der betreffenden Artikel.   Mit

Aufstellmaße: B70 x H100 x T105 cm.

Sehr geehrte Frau Schmidt, vielen

Übung 2.3

Write a letter in German from Dr. Scheffer, Director of Sieber AG Theaterplatz 4, D-2000 Hamburg 28 to Ferenc Kalmàn, Ur-részére, Kerepesi ut 14 a H-1970 Budapest XII, Hungary (Ungarn). Include the date, references and mention the enclosures.

- say that in reply to their request that you are sending them your newest catalogue.
- mention that they will also find enclosed your latest price list.
- end by thanking them for their interest and add that you are quite willing to send them further supplementary information.

Placing orders –
Aufträge

Study the model letters, answer the questions and complete the exercises.

Brief 3.1

RUDOLF WÜLFING
INDUSTRIE

Baumaschinen und Industriemaschinen GmbH
Postfach 19904 D-5900 Siegen 1
Tel.: 0271/3 76 89 Telefax: 0271/3 76 54
Telex: 087 3442

Siegen, 12. April 19..

Hahnstein Technologie GmbH
Ringstraße 91
A-2000 Wien 12
Österreich

Ihre Zeichen, Ihre Nachricht vom	Unsere Zeichen, Durchwahl	(0221) 38 34 00 DW
Gr/M,	C/si,	214

Sehr geehrter Herr von Massenbach,

nach Einsicht[1] Ihrer Broschüre über wassergekühlte
Kreissägen[2] bestellen wir hiermit:

100 Kreissägen, Code Nr.: 900 54000, Durchmesser Stärke
230 mm, Schneidstärke 2.2 mm.

Wir hoffen, daß unsere beiden Firmen auch in Zukunft
gut zusammenarbeiten werden.

Mit freundlichen Grüßen

Dr. Kramer

Dr. Kramer
Exportleiter

[1] After having examined...
[2] water-cooled circular saws

a) What does RWI produce?
b) Who is Dr Kramer?
c) Why did the order come to him?
d) How do you know that the two companies have never done business together before?

Brief 3.2

Sehr geehrter Herr Reinheimer,

nach Einsicht Ihres Katalogs, den[1] Sie uns kürzlich **zusandten***, bestellen wir hiermit **Hosenröcke***, Länge 95 cm, mit geradem Gürtel, **Schnalle*** und Knöpfen.

50 **kastanienbraun***, Größen 36, 38, 40
50 schwarz, Größen 42, 44, 46

Bitte senden Sie die Lieferung per Luftfracht.

Mit freundlichen Grüßen

Philip Dierssen
Einkaufsleiter

---

[1] see Grammar Check Unit 7 for relative pronouns

a) How do you know that the two companies have done business before?
b) Is Herr Dierssen in a hurry for the order to be delivered?

Brief 3.3

Sehr geehrter Herr Küffner,

wir haben Ihr Schreiben vom 5. Dezember erhalten.

Hiermit bestellen wir 30 **Leitern*** mit Top-Platform,
Aluminiumstufen und **Sicherheitsgurten*** im geöffneten
Zustand.

Vermerk*: 10 Leitern Höhe   85cm/4 Stufen/3 kg
Vermerk*: 10 Leitern Höhe 110cm/5 Stufen/3.5 kg
Vermerk*: 10 Leitern Höhe 175cm/8 Stufen/5.5 kg

Bitte **veranlaßen*** Sie die Lieferung per Bahn.

Mit freundlichen Grüßen

Gustav Schlüter
Geschäftsleiter

a) What kind of shop do you think Herr Schlüter has?
b) Where might they have to go to pick up the consignment?

Brief 3.4

Sehr geehrter Herr Hestermann,

mit Bezug auf unser Telefongespräch vom 10 März
bestellen wir:

15 **Rückschlagventile***
10 Automatik-**Reglerhähne*** - DN 10 - 250, Serien 6000 -
4500

Bitte senden Sie die Waren mit dem üblichen Cargo-
Service.

Wir hoffen, daß die Bestellung mit der üblichen
Sorgfalt[1] verschickt wird.

Mit freundlichen Grüßen

Dieter Schulte

[1] with your usual care

a) How does Herr Schulte know that the goods he wants are in stock?
b) How does he want the goods sent?
c) How do you know that he feels he can rely on his supplier?

Drills

Complete the following sentences as in the example. Make changes in tense and agreement where necessary.

1) Nach Einsicht Ihrer / Broschüre / über wassergekühlte Kreissägen / bestellen / wir / hiermit: 100 Kreissägen Code Nr.: 900 54000, Durchmesser Stärke 230 mm, Schneidstärke 2.2 mm.

   a) Rundschreiben / Wendebettwäsche / ich / 100 Doppelpackungen (2 Bezüge, 2 Kissen).
   b) Prospekt / Stereo-Radiorecorder / wir / 20 »Weltempfänger RK 661«.
   c) Informationsbrief / Personenwaage / unsere Kunden / 25-36 E 405 weiß und 25-38 H 093 braun.
   d) Preisliste / das Maniküre-Pediküre-Set / ich / 30 »Nagel-Neu« 37 C 514.

2) Nach Einsicht Ihres / Katalogs, / den / Sie / uns / kürzlich zusandten, bestellen / wir / hiermit / Hosenröcke, Länge 95 cm, mit Gürtel, Schnalle und Knöpfen.

   a) Rundschreiben / Herr Braun / ich / 25 Schachteln 150 ml Pflegelotion zum Preis von 39.- DM.
   b) Prospekt / Sie / die Geschäftsleiterin / 50 Pakete Gesichtshaarentferner-Sets, zum Preis von 19.50.- DM.
   c) Informationsbrief / Fräulein Schmidt / Ms Jackson / 50 Kartons 200 ml Langhaar-Aktivkonzentrat zum Preis von 17.95.- DM.
   d) Preisliste / Sie / wir / 30 Kisten 250 ml Schönheitsbad zum Preis von 36.- DM.

3) Hiermit / bestellen / wir / 30 Leitern mit Top-Plattform und Aluminiumstufen mit Sicherheitsgurten im geöffneten Zustand.

   a) ich / eine komplette Polstergruppe, 3-teilig, Sessel, Zweisitzer und Dreisitzer 99 C 025 grau zum Preis von 2998.- DM.
   b) Herr Posselt / 10 Raumsparbetten (mit Kopfteil in Automatik - **Ausführung*** und Liegefläche) B75 x L202 cm zum Preis von 249.- DM.

c) wir / 25 Wandspiegel mit aufwendig verspiegeltem Holzrahmen und goldfarbener Verzierung[1]. Maße: B80 x H80 cm zum Preis von 659.- DM.

d) unser Kunde / 50 handbemalte Blumensäulen[2] aus Keramik. Höhe 70 cm.

[1] with deluxe enamelled wooden frames decorated with gold filigree
[2] handpainted flower-stands

Grammar Check

1) Note that in a subordinate clause introduced by **daß** the verb is placed at the end, e.g. Brief 3.1: **Wir hoffen, daß unsere beiden Firmen auch in Zukunft gut zusammenarbeiten werden.** Brief 3.4: **Wir hoffen, daß die Bestellung mit der üblichen Sorgfalt verschickt wird,...** Note also that the **daß** can be omitted, in which case the verb takes its usual place as the second idea in the sentence.

2) Note the use of the passive: Brief 3.4 **...die Bestellung mit der üblichen Sorgflat verschikt wird, ...**

The passive is formed by using **werden** plus the past participle, and should not be confused with the future and conditional tenses. Note that when **werden** is used to form passive, its past participle is **worden** and not **geworden**, e.g.

Present: **Der Brief werde geschickt** — The letter is being sent
Future: **Der Brief werde geschickt werden** — The letter will be sent
Simple Past: **Der Brief wurde geschickt** — The letter was sent
Perfect: **Der Brief ist geschickt worden** — The letter has been sent
Pluperfect: **Der Brief war geschickt worden** — The letter had been sent
Conditonal: **Der Brief würde geschickt werden** — The letter would be sent

Übung 3.1

Complete the following letter from a client to a supplier placing an order for 100 CX-143/2 spark plugs to be sent by rail.

```
Sehr  .....  .....,

nach  .....  ..... Katalogs,  .....  .....

.....  ..... zusandten,  ..... wir  .....

100 CX-142/2 Zündkerzen. Bitte  .....
```

.... Bahn..

.... Hans Spiedel.

Übung 3.2

Re-write the following to form a letter similar to Letters 1 - 4

Verkaufsleiter.

die Lieferung per Bahn. Wir hoffen, daß

Sorgfalt versandt wird.

9. April bestellen wir: 100 Spritzen¹,

Maße: 23/98A. Bitte veranlaßen Sie

Bezug auf unser Telefongespräch vom

Mit freundlichen Grüßen, F. Farnschläder.

Bestellung mit der üblichen

Sehr geehrter Herr Walter, mit

¹ syringes

Übung 3.3

Write a letter in German from Mr K Morell, the Chief Buyer of Techtronics plc (U.K.), 9, Royal Exchange Buildings, Fisher Street, London EC3, to Herr Noack of BTS Astrans & Schlensog GmbH Corneliusstr. 21, D-3012 Langenhagen, Germany. Include the date and references and mention that:

  – you have examined their catalogue.
  – you include an order for 100 spark plugs¹.
  – you would like the goods sent by air.
  – end the letter appropriately.

¹ **Dichtungsringen**

Study the model letters, answer the questions and complete the exercises.

Brief 4.1

SCHREIBER & BURKHARDT gmbH

Gustav-Nachtigal-Str. D-5000 Köln 41
Filiale[1]: 1220 Wien, Erzherzog-Karl Straße 90, Österreich.

═══════════════════════════════════════

Hamm & Stroth
Im Biegel 12
D-7130 Wiesbaden
Germany

Ihre Zeichen	*Ihre Nachricht*	*Unsere Zeichen*	*Tag*
HK/SB		HS/km	1.3.9..

Betreff: Best.-Nr. 321/4-9

Sehr geehrte Herren,

vielen Dank für Ihre Bestellung Nr.: 321/4-9 über:-

- 200 kg Kenia 1 (Kaffee), Qualität Nr.: 3, - DM per kg.
- 150 kg Extra (Kaffee), Qualität Nr.: 8, - DM per kg.

Die Waren werden heute per Bahn verschickt.

Mit freundlichen Grüßen

[signature]

Hans Cremer
Verkaufsdirecktor

[Tel.: 069/23 41 54 Telefax: 069/23 44 36 Telex: 211 342]

¹ branch

a) What sort of company do you think S & B is?
b) When does Herr Cremer say the goods will be sent?

Brief 4.2

Sehr geehrter Herr Hulse,

vielen Dank für Ihren **Auftrag*** vom 4. November.

Über den genauen **Liefertermin*** werden wir Sie noch
informieren.

Wir bedanken uns nochmals für Ihre Bestellung.

Mit freundlichen Grüßen

Heinz-Dieter Wintermantel
Verkaufsleiter

a) What was included in the letter written on the 4th November?
b) Why will Herr Wintermantel soon be writing to his client again?

Brief 4.3

Sehr geehrter Herr Glootz,

hiermit **bestätigen*** wir Ihre Bestellung vom 15. Mai
über:

Aluminiumverkleidung,[1]
Polyathylen - Schichtpreßstoff,[2]
Aktenordner aus Karton.[3]

Wir haben alle gewünschten Artikel auf Lager[1] und haben
Ihre Bestellung nächste Woche **versandtbereit***.

Mit freundlichen Grüßen

Jürgen Winter
Verkaufsleiter

[1] aluminium sheeting
[2] polyethylene laminate
[3] cardboard folders
[4] in stock

a) When did Herr Glootz order the goods?
b) When will the order be sent?

Brief 4.4

Sehr geehrte Frau Schneider,

hiermit teilen wir Ihnen mit, daß Ihr Auftrag Nr. 264/
3613 vom 3. Juni in Bearbeitung[1] ist.

Die Pakete werden Sie vor Ablauf[2] des Monats erreichen.

Bitte lassen Sie uns wissen, wann die Lieferung bei
Ihnen **eintrifft***. Wir hoffen, alles zu Ihrer
Zufriedenheit* abgewickelt* zu haben.

Mit freundlichen Grüßen

Dieter Rögelein
Exportabteilung

[1] in hand
[2] during the course

a) When will the goods arrive?
b) What does Herr Rögelein want Frau Schneider to do?

Drills

Complete the sentences as in the examples. Make changes in tense and agreement where necessary:

1) Hiermit bestätigen / wir / Ihre Bestellung vom / 15. Mai / über: 20 Tiertransportboxen Nr. 37 B 232 für kleine Hunde, große Katzen und Papageien. Maße: B55 x H30 x T30cm.

   a) ich / 20. Juni / 1 Segelinsel-Set mit 2 Paddeln aus PVC-Material, aufblasbar, 99.50- DM.

   b) Herr Küpper / 24. Februar / 12 - **Kutschen*** mit Polster 92 E 24, 569.- DM.

   c) wir / 4. Januar / 10 spritzfreie Duschfaltkabinen (Transparent), eisblau 23 G 203 438 / 49.50- DM.

   d) ich / 30. März / 10 - Doppelpackungen (2 Bett-, 2 **Kissenbezüge***) Damast, rosa, 24 H 630 501, 149.90- DM.

2) Die / Waren / werden / heute / per Bahn / verschickt.

   a) Lieferung / morgen / üblichen Cargo-Service.

   b) Möbelgruppen / nächste Woche / Seefracht.

   c) Bestellung / vor Ablauf des Monats / Luftfracht.

   d) Stereo-Anlagen mit CD-Spieler, Fernbedienung und Boxen / heute / Bahn.

3) Wir / haben / alle gewünschten Artikel / auf Lager und / haben / Ihre Bestellung / nächste Woche / versandtbereit.

   a) Ich / den HiFi-Turm / vor Ablauf der Woche.

   b) Frau Klein / die»Teenoberbekleidung« / morgen.

   c) Wir / die Philips 2-Schritt-System Elektrorasierer 908 / vor Ablauf des Monats.

   d) Herr Meyer / Hockerleuchten mit Uhr / übermorgen.

Grammar Check 4

1) The case endings of the definite article are used for the following common adjectives: **dieser** (this), **jeder** (each or every), **jener** (that),

mancher (many, many a), **solcher** (such, such a) and **welcher** (which) e.g.

	Singular			Plural
	Masc.	Fem.	Neut.	All genders
Nom:	dieser	diese	dieses	diese
Acc:	diesen	diese	dieses	diese
Gen:	dieses	dieser	dieses	dieser
Dat:	diesem	dieser	diesem	diesen

The case endings of the indefinite article plus the plural endings of the definite article are used for the possessive adjectives: **mein** (my), **sein** (his, its), **ihr** (her, its, their), **unser** (our), **Ihr** (your) and **kein** (no, not a). Note also that the **dieser** and **mein** declensions differ only in the nominative masculine singular and the nominative and accusative neuter singular forms. All the other case endings are common to both declensions.

Übung 4.1

Complete the following letter from a supplier to client thanking him for his order of 100 100% cotton velours blankets[1] and 300 100% Polyester cushions with 4 frills plus filling[2].

```
Sehr geehrte Herren,

vielen ..... ..... ..... ..... Nr.: 43/

A-1 über:- ..... .....

Wir ..... ..... ..... ..... ..... Lager

und ..... ..... ..... ..... Woche ......

Die ..... ..... ..... Bahn verschickt.

Bitte ..... ..... ..... wissen, wann .....

..... bei Ihnen ...... Wir hoffen, alles

zu ..... ..... ..... ..... haben. Mit

freundlichen Grüßen
```

[1] 500 Schlafdecken - Velours aus 100% Baumwolle
[2] 1000 Kissen mit 4 Rüschenvolants und Füllung, 100% Polyester

Übung 4.2

Re-write the following to form letter similar to Letters 4.1—4.4:

Bahn verschickt und werden Sie vor

Schulenberg, Verkaufsleiter.

Sehr geehrte Frau

freundlichen Grüßen, Hans

Wittmann, hiermit teilen

Nr. 54-0A1 vom 3. Juni in

Pakete werden heute per

wir Ihnen mit, daß Ihr Auftrag

Ablauf der Woche erreichen. Mit

Bearbeitung ist. Die

Übung 4.3

Write a letter in German from B. D Dockweiler & Sohn, Schlütlerstraße 38, D-6900 Heidelberg-Rohrbach, Tel.: 0622/40 00 04, Telex: 463 127 (who deal in car accessories) to Devon & Bush (Manufacturing) Ltd., Fitzmorris Road, Farlington, Portsmouth, Hants P06 IRR, U.K. Mention that:

- you received their order of 12 September for 10 6-piece »Zebra« safari-look Seatcover sets[1] and 20 Three way 450 watt car stereo loudspeaker sets[2].
- the goods will be sent by the normal freight service.
- thank them once more for their order
- end the letter appropriately.

[1] **Sitzbezug-Sets, 6-teilig »Zebra« im Safari-Look**
[2] **Stereo-Auto-Lautspecher-Set 3-Weg-Komponenten-System 450 Watt**

Packing and transport —
Verpackung und Transport

Study the model letters, answer the questions and complete the exercises.

Brief 5.1

BRUNO DIETZ GmbH & Co. KG [1]

Herstellung, Montage, Verkauf und Kundendienst von Lager- und Betriebseinrichtungen
Mainzer Landstraße 47 D-8000 München 45
Tel.: 089/3 45-0 Telefax: 089/2 34 54-576 Telex: 542 576
Postfach 231 8000 München

BANK: Vereins- und Westbank: Kto.-Nr. 340978 98 BLZ 200 300 00

KRZ Zinder Produkte GmbH
Stockumer Kirchstr.
D-6312 Laubach 1.

Ihre Zeichen:	Ihr Schreiben vom:	Unsere Zeichen:	Datum:
BD/Bo			7.02.19..

Sehr geehrte Herren,

bezüglich[2] unserer Bestellung Nr.: 867/342 vom 5.
Februar dürfen wir Sie darauf **hinweisen***, daß die 20
Dreifachspiegel 140 – EQUINOX 8490 mit **Zubehör***,
eingebauter Beleuchtung[3], **Stecker*** und **Schalter*** an
unsere Ulmer Branche geliefert werden. Die andere
Lieferung, Auftrag Nr.: 867/343, sollte jedoch an unser
Lagerhaus* in Stuttgart geliefert werden.

Die Spiegel sollten in Sackballen verpackt und mit
Metallriemen **verschnürt*** sein.

In Erwartung weiterer Aufträge, die wir stets mit
größter **Sorgfalt* ausführen*** werden, verbleiben wir

mit freundlichen Grüßen

Bruno Dietz
Direktor

Sitz der Gesellschaft: München - Amtsgericht München - HRB 32140
Geschäftsführer: Dr.-Ing. Wolf-Dieter Kemper

[1] **Kommanditgesellschaft** = limited partnership
[2] **bezüglich** + genitive = concerning
[3] built-in lighting

a) Is this letter from a client or a supplier?
b) What kind of mirror do you think Herr Dietz is referring to?
c) Where must order No: 867/343 be sent?
d) How would Herr Dietz like the second item to be packed?

Brief 5.2

```
Sehr geehrter Herr Blaschke,

wir haben Ihr Schreiben vom 5. Januar erhalten.

Gemäß Ihrer Anweisungen liefern wir die Ware so bald
wie möglich an Ihr Depot in München.

Alle Container sind deutlich mit den internationalen
Zeichen >>Zerbrechlich*<< und >>Oberseite*<<
gekennzeichnet*.

Wir danken Ihnen für Ihre Bestellung.

Mit freundlichen Grüßen

Harald Hansch
Geschäftsleiter
Versandabteilung
Croma GmbH
```

a) Who is this letter from, a client or a supplier?
b) What is Herr Hansch's position?
c) Where are the goods being sent?
d) What does he say about the packing?

Brief 5.3

Sehr geehrte Herren,

mit Bezug auf Ihr Schreiben vom 5. August können wir
Ihnen nun **Näheres*** bezüglich der Lieferung unserer
Bestellung Nr. A/65 mitteilen.

Alle **Posten*** müssen in Spezialcontainer verpackt sein,
um eine **Beschädigung*** während[1] des Transportes zu
vermeiden*.

Bitte liefern Sie an das Lagerhaus unseres Spediteurs
mit der Rechnung in zweifacher **Ausfertigung***.[2]

Mit freundlichen Grüßen

Gottfried Nießing
Speditionsabteilung

[1] cf. subordinating conjunctions — Grammar Check 11
[2] in duplicate

a) Who is this letter from, a client or a supplier?
b) What was the purpose of the letter that Herr Nießing received,
   dated 5th August?
c) What do you think the **Spediteur** will do with the goods?

Brief 5.4

Sehr geehrte Damen,

wie in Ihrem Schreiben vom 8. März gewünscht, senden
wir Ihnen zwanzig 50 kg Behälter mit >>Bratwurst<< in
Kühlcontainern nach Dover über Bremerhaven.

Wir hoffen, daß Sie die Ware schnell und **einwandfrei***
erreicht, Sie mit der Qualität unserer Produkte
zufrieden sein werden und wir auch in Zukunft die
Gelegenheit* haben werden, Sie zu **beliefern***.

Mit freundlichen Grüßen

Klaus Rathgeber

a) What was the purpose of the letter written on 8th March?
b) How can you tell that Herr Rathgeber is particularly keen to please these customers?

Drills

Complete the sentences as in the examples. Make changes in tense and agreement where necessary:

1) Bezüglich / unserer / Bestellung vom / 5. Februar / dürfen / wir / Sie darauf hinweisen, daß die / 20 Dreifachspiegel / an unsere / Ulmer Branche / geliefert werden sollen.

   a) meiner / 9. Okt., / ich / 10 Kühlschränke / Berliner Lagerhaus
   b) Ihrer / 5. Dez., / Herr Bloch / 20 Waschmaschinen / Bremer Geschäft
   c) unserer / 12. Febr., / ich / Computer / Hamburger Agentur
   d) meiner / 18. März, / wir / Fahrräder / Kieler Branche

2) Die / Ware / wird / so bald wie möglich an Ihr / Depot / in / München / geliefert.

   a) Behälter / Geschäft / Rensburg
   b) **Lattenkisten*** / Branche / Memmingen
   c) **Faß*** / Agentur / Lübeck
   d) Säcke / Depot / Zürich

3) Wie in / Ihrem / Schreiben vom / 8. März / gewünscht, / senden / wir / Ihnen / per Bahn zwanzig 50 kg Behälter mit »Bratwurst« in Kühlcontainern nach / Bremerhaven.

   a) unserem / Telefongespräch / 18. Februar / vereinbart / ich / Luftfracht / zehn Kästen Haarschneide-Sets (plus Zubehör) / Hamburg
   b) Ihrer / Bestellung / 20. Januar / gewünscht Lastwagenversand Verkausfleiter / zwölf ITT »Nokai« Radiorecorders mit Kopfhörer
   c) meinem / Schreiben / 23. April / erwähnt / ich / Seefracht / fünfzig / Pakete / Scheibengardienen (ab 29.75.- DM)
   d) Ihrem / Schreiben / 2. September / gewünscht / wir / Bahn / hundert Kartons / Übergardinen Garnituren (in 3 Farbkombinationen)

Grammar Check

Note that the infinitive after a model verb is placed at the end of the sentence without **zu**, e.g. **dürfen wir Sie darauf hinweisen,...** and **Die Spiegel sollten in Sackballen verpackt...sein** (Brief 5.1); **...können wir Ihnen nun Näheres...** and **Alle Posten müssen in Spezialcontainer verpackt sein** (Brief 5.3).

Revise the forms of the modals:

> **dürfen — darf, darfst, darf, dürfen, dürft, dürfen**
> **mögen — mag, magst, mag, mögen, mögt, mögen**
> **sollen — soll, sollst, soll, sollen, sollt, sollen**
> **können — kann, kannst, kann, können, könnt, können**
> **müssen — muß, mußt, muß, müssen, müßt, müssen**
> **wollen — will, willst, will,wollen, wollt, wollen**

The four verbs which have an umlaut in the infinitive drop it in the simple past, which is otherwise regularly formed. The example above, **sollten,** is a past subjunctive form meaning "should" or "ought to". This, together with **möchte,** "should like" and **könnte,** "could, should be able to" are very common.

Übung 5.1

Complete the following from a supplier to a client concerning a delivery of 20 Hi-Fi Loudspeakers with flashing lights[1].

```
Sehr ..... ....., bezüglich ..... .....

Nr.: 980/56A vom 8. August, ..... .....

..... ..... ....., daß die 20 .....

..... ..... ..... ..... Münster

Lagerhaus ..... ...... Alle Behälter

..... ..... ..... ..... internationalen

..... ».....« und »Oberseite«

gekennzeichnet. Wir ..... ..... .....

voraus.

..... ..... .....

Joachim Halben
```

[1] HiFi-Lautsprecherboxen - GT 1000 »Lichtorgel«

Übung 5.2

Write a letter in German from Herr F. Lendle, Manager of Europa Spedition, Postfach 2354, D-4900 Bielefeld 1, Schillerstraße 45, Telefon 05 23/ 2 54 2, Fs.: (Telex) 9 23 452, Telex: 0528/45 23 19 to System Druckluft, Friedrichstraße 34, D-4330 Mülheim 2.

- include the date.
- say that you are sending the shipping details to their order No: 23/1A in reply to their letter of 20th September.
- add that you hope that they will arrive quickly and in good condition.
- end by saying that you hope they appreciate the quality of your products and that you will have a chance to have dealings with them again in the future.
- end appropriately

Confirmation of delivery — Auftragsbestätigung und Lieferung

Study the model letters, answer the questions and complete the exercises.

Brief 6.1

HAUT COMO COSMETIC GmbH
Verkauf von Kosmetikerzeugnissen[1]
Nordenstr. 13/34
D-6700 Ludwigshafen
Tel.: 0621/56 87 34
Telex: 456237

Martin Lemke
Filtrona GmbH
Hindenburgstraße 5-9
D-5000 Köln 50

Ihre Zeichen, Ihre Nachricht vom	Unser Zeichen	Durchwahl-Nr	Datum
HS/sg -15			3.10.9..

Betreff: Bestellung Nr.: 4362/10
Maximum protection Sunscreen Cream >>Maximal<<

Sehr geehrter Herr Lemke,

ihre **Probelieferung*** der oben angeführten[2] Artikel ist
in einwandfreiem **Zustand*** bei uns eingetroffen.

Sollten Ihre Sonnenpflegeprodukte bei unseren Kunden,
wie wir hoffen, gut ankommen, werden wir gerne eine
größere Bestellung in Auftrag geben[3].

Mit freundlichen Grüßen

Horst Sauer·

Horst Sauer
Direktor

Bank: Postgiro 23543 13-768 Postgiroamt Köln (BLZ 600 200 30)
Sparkasse Hohenlohedkreis Ludwigshafen Konto-Nr. 78639 (BLZ 433 298 309)

¹ with reference to cosmetics
² the above mentioned
³ commission a larger order

a) What was the purpose of this letter?
b) Will Herr Sauer place any more orders with this company?
c) How would you make out a bank draft to Haut Como Kosmetik?

Brief 6.2

Sehr geehrte Herren,

vielen Dank für Ihre Lieferung vom 26. Juli, welche zum
vereinbarten Termin¹ und in einwandfreiem Zustand bei
uns heute morgen eintraf.

Die Rechnung **entspricht*** der gelieferten Ware.

Wir hoffen, daß wir Ihnen bald wieder einen Auftrag
gleichen **Umfangs* erteilen*** können.

Mit freundlichen Grüßen²

Johann Voss,
Einkaufsleiter.

---

¹ within the required time
² Yours faithfully

a) How do you know that Herr Voss was in a hurry for the goods.
b) What came with the goods?
c) Is he going to re-order?

Brief 6.3

Sehr geehrte Herren,

hiermit bestätigen wir das **Eintreffen*** der After-Shave-
Lotions Samarkand (Nr. 1) und Jamaique (Nr.3), welche
wir vor zwei Wochen bestellten (Nr. 210 und 211 aus
unserer Bestellung Nr. 3692).

Unser Lieferwagen holte die Waren gestern vom Hafen ab.

Wir hoffen, die restlichen Posten[1] so bald wie möglich
zu erhalten.

Mit freundlichen Grüßen

Ingrid Krüger
Geschäftsleiterin

[1] the articles yet to be delivered

a) How long did Frau Krüger have to wait for her order to arrive?
b) How was it sent?
c) Has she received all of the goods she ordered?

Brief 6.4

Sehr geehrte Frau Voigt,

der erste Teil der Lieferung von Wandschränken ist
soeben per Bahn eingetroffen.

Hiermit bestätigen wir Ihnen, daß diese Teillieferung
mit dem Lieferschein **übereinstimmt***.

In Kürze können Sie mit einer **ähnlichen*** Bestellung von
uns rechnen.

Mit freundlichen Grüßen

Manfred Sunderer
Exportleiter

a) How did the goods arrive?
b) How did Manfred Sunderer make sure that everything was in order?

Drills

Rewrite the following sentences using the items listed. Make changes in tense and agreement where necessary.

1) Ihre Probelieferung / der oben angeführten Artikel / ist / in einwandfreiem Zustand / bei uns / eingetroffen.

   a) Die Lieferung / Schrankbetten mit Federkern-matratzen / mir
   b) Der Behälter / Fernsehsessel / unserem Kunden
   c) Die **Kisten*** / Tisch-Analoguhren mit **Klarsichthaube*** / unserem Lagerhaus
   d) Die Pakete / Bermudas mit Gürteln / uns

2) Unser / Lieferwagen / holte die / Waren / gestern / vom Hafen / ab.

   a) Unser LKH-Fahrer wird die Behälter morgen / Flughafen
   b) Unser **Vertreter*** hat die Kisten vor zwei Tagen / Bahnhof
   c) Mein Mitarbeiter holte die Pakete heute / Depot
   d) Meine Kollegen werden die Lieferung übermorgen / Hafen

3) Die erste Lieferung der / Wandschränke / ist / soeben / per Bahn / eingetroffen.

   a) Die erste Hälfte der Lieferung von Garderoben-Möbel / heute morgen / Spedition
   b) Die Kisten mit Elektrorasierer 37 A 552 / morgen / auf dem Luftweg
   c) Die Behälter mit Gartenmöbel-Garnituren / heute / auf dem Seeweg
   d) Das Paket mit **Bettwäsche*** / soeben / Spedition

Grammar Check

1) The present participle is formed by adding **-end** to the stem of the verb, e.g. **... betreffenden Artikel** (Brief 2.4). Compare the formation and use of past participle as an adjective: **der gelieferten Ware** (Brief 6.2).

2) Note that when a separable prefix is parted from the verb, as in **unser Lieferwagen holte die Waren gestern vom Hafen ab,** it always occupies the final position.

The commonest separable prefixes are **ab-, an-, auf-, ein-, mit-, nach-, vor-, zu-, zurück-** and **zusammen-**. There are four which can be either inseparable or separable: **durch-, um-, über-** and **wieder-**. The main characteristic of separable verbs is that the prefix precedes the **ge-** in the past participle, e.g. **er ist ausgegangen,** but in finite forms the prefix operates separately, e.g. **er geht aus.**

The inseparable prefixes are **be-, emp-, ent-, er-, ge-, miß-, ver-, wider-** and **zer-**. These change the meaning of the root verb which then does not add the prefix **ge-** to form the past participle.

3) The relative pronouns **welche** etc (Brief 6.3) are fully treated in Unit 7.

Übung 6.1

Complete the following letter from a client to a supplier regarding an order for 30 "Whole-Body" training sets (Ganzkörper-Trainingsgeräte).

```
Betreff .....

Sehr ..... .....

ihre Probelieferung ..... ..... .....

Artikel ist ..... ..... ..... bei uns

...... Unser Lieferwagen ..... .....

..... ..... ..... Hafen ab. Wir hoffen,

daß ..... ..... ..... ..... .....

Auftrag gleichen ..... ..... ......

Mit ..... ....
```

Übung 6.2

```
Sitzsäcke mit Styroporfüllung

        Bestellung in Auftrag
```

unseren Kunden, wie wir

(in 3 Farbkombinationen) und die

wir gerne eine größere

Sehr geehrte Herren, hiermit bestätigen

Sollten Ihre Produkte bei

unserer Bestellung Nr. 3692), welche

(Nr. 210 und 211 aus

mit Kissen und Bettdecken

geben. Mit freundlichen Grüßen, Rolf Schultz,

Verkaufsleiter.

hoffen, gut ankommen, werden

wir das Eintreffen des Polsterbetts

wir vor zwei Wochen bestellten.

Übung 6.3

Write a letter in German from Marco Bornhausen of Hamburg Fleisch Ex- und Imprt GmbH, Hasselmannstr. 23, D-2000 Hamburg 43, Tel.: 040-45 34 21, Telex: 87896745 to Klaus Johannsmann of BUK Marken Import, Brüssler Straße, D-4006 Erkrath, Germany. Mention that :

- the first part of the consignment of electrically controlled health beds (with five different degrees of hardness)[1] has just arrived.
- the invoice and the shipment tally perfectly.
- (as you close) that you are still waiting for the rest of the goods to be delivered.

[1] Motor-Gesundheitslattenrost mit 5 verschiedene Härtegrade

Complaints — Beschwerden

Study the model letters, answer the questions and complete the exercises.

Brief 7.1

CONSILIUM AGENTUR GmbH

Verkauf von Maschinen, Geräten und Bauteilen

Stolberger Straße 120
D-4050 Reinbeck
Tel.: 069/8397 - Telex: 021 5873

G. E. Jägersberger
Fellmann GmbH
Im Hasengarten 45
D-4050 Mönchengladbach

Ihre Zeichen, Ihre Nachricht vom	Bei Beantwortung bite angeben	Durchwahl/Hausruf	Datum
M/lk	Max Kohr	-45	7/4/9..

Sehr geehrter Herr Jägersberger,

die Lieferung unseres Auftrags Nr. 143/2A ist soeben eingetroffen.

Leider müssen wir Ihnen mitteilen, daß die Badezimmerschränke (mit Spiegel, und Beleuchtung, Farbe: dunkelmaritim **Kiefer***) nicht den **üblichen* Anforderungen*** entsprechen[1].

Bitte veranlaßen Sie eine **Ersatzlieferung*** der betreffenden Posten[2]. Wir hoffen auf eine zügige **Bearbeitung*** und verbleiben

mit freundlichen Grüßen

Max Kohr

Max Kohr
Consilium Agentur.

Bayerische Vereinsbank Reinbeck,
Konto-Nr. 3 879 325 (BLZ 404 20178)
Deutsche Bank Frankfurt,
Konto-Nr. 76984 344 (BLZ 599 400 10)
Postgiroamt Hamburg
Konto-Nr. 342 45-808 (BLZ 400 200 40)

Eingetragen[3] im
Handelsregister Reinbeck
HRB 3209
Geschäftsführer:
Dietrich Winterfeld
Rainer D. Mann Dipl.-Volkswirt[4]

[1] are not up to the usual standard
[2] the articles in question
[3] registered
[4] Diploma in Economics

a) Has Herr Kohr dealt with Fellmann GmbH before?
b) What is his complaint?
c) What does he want the company to do?

Brief 7.2

```
Sehr geehrte Herren,

wir bedauern Ihnen mitteilen zu müssen¹, daß aus Ihrer
Lieferung ein Satz Gewichthanteln* bei uns in
schlechtem Zustand eintraf.

Sie werden unsere Enttäuschung* verstehen.

Wir werden die beschädigten* Posten an Sie
zurückschicken und wären Ihnen für eine sofortige
Ersatzlieferung* sehr verbunden.

Mit freundlichen Grüßen


Ernst Mössnang
Verkaufsleiter.
```

[1] We regret to have to inform you

a) Is Herr Mössnang returning the whole consignment?
b) What does he want done?
c) How do you know that he is in a hurry?

Brief 7.3

Sehr geehrte Herren,

wir bestätigen das Eintreffen der Sofas aus
Massivkiefer **gemäß*** unserer Bestellung vom fünften
dieses Monats.

Obwohl die Kisten unversehrt waren, fanden wir beim
Auspacken eine gewisse Anzahl beschädigter Posten.

Wir haben den Spediteur über den **Schaden*** informiert
und die Kisten sowie deren[1] Inhalt zum Zweck[2] einer
späteren Inspektion **aufgehoben***.

Mit freundlichen Grüßen,

Werner Storandt
Verkaufsleiter.

---

[1] their (of these) (cf. Grammar Check below)
[2] for the purpose of

a) When did Herr Storadt find out that some of the items were
    damaged?
b) Who has he reported the problem to?
c) Why is he keeping the damaged goods?

Brief 7.4

Sehr geehrte Herren,

ihre Lieferung ist gestern endlich über das
Luftfrachtdepot bei uns eingetroffen.

Leider müssen wir Ihnen mitteilen, daß die Waren
eindeutig* beschädigt waren.

Wir wären Ihnen daher sehr verbunden, wenn einer Ihrer
Außendienstmitarbeiter die **Sachlage*** an Ort und Stelle
auf seine Richtigkeit **überprüfen*** könnte.

Mit freundlichen Grüßen

Siegfried Wiedermann, Dipl.-Kfm
Manufaktur Koppe & Baumgartner GmbH

---

[1] on the spot

a) How do you know that MKB have been waiting some time for their goods?
b) What does **die Sachlage** refer to in paragraph 3?
c) What is Herr Wiedermann's qualification?

Drills

Re-write the following sentences using the items listed. Make changes in tense and agreement where necessary :

1) Ihre Lieferung / unseren / Auftrag Nr. 143/2A / ist / soeben eingetroffen.

   a) unser / Aufträge Nr. 321 & 322
   b) mein / Auftrag Nr. 67-A
   c) unser / Aufrag Nr. 81/1A
   d) mein / Aufträge Nr. 56-A & 56-B

2) Wir / bestätigen das Eintreffen / der Sofas aus Massivkiefer / gemäß unserer Bestellung vom / fünften / dieses Monats.

   a) Ich / Spannbettücher (Sondergrößen)[1] / sechzehnten
   b) Herr Rauchfuß / Badgarnitur mit dekorativer Rosenstickereiapplikation[2] / zweiten
   c) Wir / Kindermöbel-Set aus PVC-Material mit Clown-Motiv / einundzwanzigsten
   d) Ich / Strandanzug / zwölften

3) Obwohl die / Kisten / unversehrt / waren / fanden / wir / beim Auspacken eine gewisse Anzahl beschädigter Posten vor.

   a) Lieferung / ich
   b) Behälte / Herr Traube
   c) Paket / ich
   d) Kisten / ich

[1] extra-large stretch covers
[2] bathroom set decorated with rose branches

Grammar Check

Relative pronouns: In German the relative pronoun is never omitted as it often is in English, e.g. "that's the book (that) I bought". Note also that the relative pronouns **der** and **welcher** (declined like **dieser**) become neuter **dessen** and feminine **deren**, genitive plural **deren**, dative **denen** and **welchen**.

Examples from the letters are: ... **deren Inhalt zum Zweck einer späteren Inspektion aufgehoben** (Brief 7.3); ...**welche zum vereinbarten Termin** ... (Brief 6.2) and ... **welche wir vor zwei Wochen bestellten** (Brief 6.3).

The relative pronoun agrees in number and gender with the noun to which it refers, but its case depends on its function within the relative clause. The formation of the relative pronoun in German can be summarised thus:

	Masc.	Fem.	Neut.	Plural.
Nom:	der	die	das	die
Acc:	den	die	das	die
Gen:	dessen	deren	dessen	deren
Dat:	dem	der	dem	denen

Übung 7.1

Complete the following letter from a client to a supplier regarding an order for 10 balcony blinds (Balkonmarkise).

```
Betreff: .....

Sehr geehrte Herren,

obwohl die ..... ..... ankam, fanden

wir beim ..... ..... ..... .....

beschädigter Posten ...... Sie .....

..... ..... verstehen. Wir wären .....

..... ..... ....., wenn einer Außen-

dienstmitarbeiter die Sachlage an .....

..... ..... auf seine Richtigkeit .....

könnte.

Mit freundlichen Grüßen
```

Übung 7.2

Re-order the following to make a letter similar to 7.1 - 7.4

Ihnen mitteilen, daß die Fernsehsessels

über den Schaden informiert und die

uns eingetroffen.   Leider müssen wir

aufgehoben. Mit freundlichen Grüßen, L. Olbrich

über das Luftfrachtdepot bei

Kisten sowie deren Inhalt zum

Sehr geehrte Herren,

Zweck einer späteren Inspektion

entsprechen. Wir haben den Spediteur

Ihre Lieferung ist gestern endlich

nicht den üblichen Anforderungen

Übung 7.3

Write a letter in German from Frau Ibeth von Schellenberg of Gerling Antiques International to Mr Price-Jones of European Furnishings plc. Include the date, references and your order number. Mention that:

- you have received the Wall Tapestry (looped on a wooden rod, depicting "The Bridge" by the Italian painter Cignaroli)[1] in accordance with your order of the 5th.
- unfortunately, you have to report that the goods are clearly defective.
- you are returning the faulty goods immediately.
- you would like replacements straight away.

[1] Wandgobelin »Die Brücke« (nach einem Gemälde des italienischen Malers Canvas von Cignaroli) mit Schlaufen und Holzstab.

Replies to complaints — Antworten auf Beanstandungen

Study the model letters, answer the questions and complete the exercises

Letter 8.1

JANSEN & HÜBENER
Handarbeiten und Kristalle seit 1884
Graf-Zeppelin-Str. 13 D-4052 Korschenbroich 2

Mr. G. N. Dalgleish
Leicester Glassware Ltd.,
47 Tideswell Road,
Leicester LE1 6EA.
Großbritannien

Ihre Zeichen: Your ref:	Ihr Schreiben vom: Your letter:	Unsere Zeichen: Our ref: KDM/ml	Datum: Date: 5/3/9..

Betreff: Bestell NR.: 4265 - 30 Dutzend Weingläser

Sehr geehrter Herr Dalgleish,

vielen Dank für Ihr Schreiben vom 3. März, in dem Sie
uns über die Nichtlieferung einiger Weingläser
informierten.

Bei einer Anfrage in unserer Exportabteilung stellte
sich heraus[1], daß die fragliche Ware bei einem Sturm
letzte Woche beschädigt wurde.

Sie können jedoch versichert sein, daß Ihr Auftrag
unverzüglich* **bearbeitet*** wird.

Wir bedauern außerordentlich die Ihnen dadurch
entstandenen* **Unannehmlichkeiten***.

Mit freundlichen Grüßen

Klaus-Dieter von Mulert
Verkaufsabteilung

Telefon 02875/21 43
Telegrammschrift JANSEN

Bankverbindungen
Girozentrale (BLZ 20000) Kto. 34.987
Postsparkasse (BLZ) 70000) Kto.7860.342

[1] **sich herausstellen** = to show; to seem, turn out

a) How did Herr von Mulert find out what had happened to the order?
b) Why wasn't the order sent off promptly?
c) What is he going to do about it?

Brief 8.2

Sehr geehrte Herren,

wir bedauern es außerordentlich, daß wir **bisher*** noch nicht in der Lage waren, die Computerdisketten zu liefern.

Wir haben diese selbstverständlich auf Lager, können jedoch leider Ihren Auftrag nicht finden.

Würden Sie uns daher bitte nochmals Nummer und Datum Ihrer Bestellung mitteilen? Ihr Auftrag wird sofort nach Eingang Ihrer Angaben[1] mit der größten **Dringlichkeit*** bearbeitet werden.

Mit freundlichen Grüßen

Rüdiger Niehaus
Versandabteilung.

[1] immediately we receive your reply

a) Why hasn't Herr Niehaus been able to send the goods?
b) What does he want his client to do?
c) How does he show that he values this particular client's custom?

Brief 8.3

Sehr geehrte Herren,

in unserer Buchhaltungsabteilung wurde festgestellt[1],
daß wir Ihnen 400,- DM zuviel berechnet haben. Bitte
entnehmen Sie der Anlage[2] eine **Gutschrift*** über diesen
Betrag*.

Durch die **Umstellung*** unserer Computer wurden einige
Rechnungen zweimal ausgedrückt.

Wir hoffen, daß die Dinge bald wieder ihren gewohnten
Gang nehmen werden[3]. Wir bitten vielmals um
Entschuldigung.

Mit freundlichen Grüßen

Wolf Schick
Direktor

---

[1] **feststellen** = to establish. The expression could translate "We have noticed ..."
[2] Please find attached
[3] ... things will soon be back to normal

a) Why has Herr Schick sent his client a **Gutschrift**?
b) Why have there been some duplications?

Brief 8.4

Sehr geehrte Frau Erlenbruch,

wir bedauern es sehr, daß sich die **Lattenroste*** mit
Sprungfedern beim Bahntransport **losgerissen*** haben und
deshalb beschädigt eintrafen.

Wir bitten Sie vielmals, den **bedauerlichen*** Vorfall zu
entschuldigen, der auf die **Nachläßigkeit*** eines neuen
Packers zurückzuführen ist.

Selbstverständlich übernehmen wir die volle
Verantwortung für den Schaden und werden den Artikel
sofort ersetzen.

Wir entschuldigen uns nochmals für die Ihnen dadurch
entstandenen **Unannehmlichkeiten***.

Mit freundlichen Grüßen
Gerhard Berl
Wagner Spedition GmbH

a) What happened to the articles?
b) Whose fault was it?
c) What has Herr Berl done about the problem?

Drills

Complete the sentences as in the examples. Make changes in tense and agreement where necessary:

1) Vielen Dank für Ihr / Schreiben / vom / 3. März, / in dem Sie uns über die Nichtlieferung der / Weingläser / informierten.

   a) Telefongespräch / 9. August, / Gesundheitsschuhe
   b) Schreiben / 10. Januar, / Desinfektionstücher (50 Stück)
   c) Bestellung / 12. Februar, / Elektro-Mundpflege-Set
   d) Schreiben / 24. Juli, / Massagegerät-Set

2) Wir / bedauern / es außerordentlich, daß / wir / bisher nicht in der Lage waren, die / Computerdisketten / zu liefern.

   a) Ich / **Auspufftöpfe***
   b) Herr Sunderer / Kleidungsstücke
   c) Wir / Verkaufsautomaten
   d) Ich / **Aluminium Fensterrahmen***

3) Es tut / uns / sehr leid, daß die / Lattenroste mit Sprungfedern / sich beim Transport losgerissen haben und deshalb beschädigt eintrafen.

   a) mir / Küchengeschirre
   b) uns / **Küchenanbaumöbel***
   c) uns / **Wäscheschleudern***
   d) mir / **Handwerksausrüstigungen***

Grammar Check

Revise the case endings of adjectives which decline when they come before a noun. There are three groups of endings, the weak declension after **der** words (**die fragliche Ware**, Brief 8.1), the mixed declension after **mein** words (**ihren gewohnten Gang**, Brief 8.3) and the strong declension when there is no **der** or **mein** before the adjective (**in**

schlechtem Zustand, Brief 7.2). The endings can be summarised thus:

	Singular			Plural		
	Masc.	Fem.	Neut.	Masc.	Fem.	Neut.
Nom:	-e/er	-e	-e/-es	-en	-en	-en
Acc:	-en	-e	-e/-es	-en	-en	-en
Gen:	-en	-en	-en	-en	-en	-en
Dat:	-en/m	-e/r	-en/m	-en	-en	-en

Note that there are only five cases that do not end in **-en**, and only three make a difference between the weak and mixed declensions. The strong declension differs only in the dative singular.

Übung 8.1

Complete the following letter from a supplier in answer to a client's complaint about the non-delivery of 10 filing cabinets[1].

```
..... ..... ....../

..... ..... ..... ..... ..... ..... 1.

April, in dem ..... ..... ..... .....

..... der Aktenschränke informierten.

Bei ..... ..... ..... .....

Exportabteilung ..... ..... heraus, daß

die ..... ..... ..... einem Feuer

letzte Woche ..... ...... Wir hoffen,

daß ..... ..... ..... ..... ihren .....

Gang ..... ...... Wir entschuldigen

..... ..... ..... ..... ..... .....

..... Unannehmlichkeiten.


Mit freundlichen Grüßen,

Klaus Röper, Versandabteilung.
```

[1] Aktenschränke

Übung 8.2

Re-order the following to make a letter similar to Letters 8.1 — 8.4:

> beschädigt eintrafen. Sie können jedoch

> Grüßen, Günter Kruger, Geschäftsleiter.

> Lehnstühle sich beim Transport

> unverzüglich bearbeitet wird. Wir bedauern

> tut uns sehr leid, daß die

> Unannehmlichkeiten. Mit freundlichen

> losgerissen haben und deshalb

> Sehr geehrter Herr Lierschmann, es

> außerordentlich die Ihnen dadurch entstandenen

> versichert sein, daß Ihr Auftrag

Übung 8.3

Write a letter in German to Gerald Arkwright the Sales Manager of Turner Brothers plc of Old Orchard Road, Manchester M7 8LK, U.K. from Wolfgang Juttner of Promospedition Aktiengesellschaft of Remigiusstr. 20-21, D-6032 Offenbach, Germany Tel.: 061/985634, Telex: 653490, Telefax: 45398. Include the date and references and mention that:

- you have received their letter of 9th September.
- you are sorry that, although you have the goods in stock, you were unable to ship their order.
- your excuse for the mistake was because of a fault in your computer which causes it to duplicate figures on invoices.
- end appropriately by saying that you are sorry for the inconvenience that the incident may have caused.

Complaints and replies about payment – Beanstandung und Richtigstellung von Rechnungsposten

Study the model letters, answer the questions and complete the exercises.

Brief 9.1

THEOPHIL SCHERZBERG - PAPIER
GROSS- UND EINZELHANDEL¹
Ges. m. b. H.
Fachgeschäft* für Büro-Schulbedarf und Spielwaren:

```
Schreiber & Undritz Verlag*
Postfach 5640
D-6000 Frankfurt/Main 1
```

Betreff:

Ihre Bestellung über: 450 000 Blatt Offset-Papier

Sehr geehrte Herren,

dürfen wir Sie auf unsere Rechnung vom 4. März aufmerksam machen.²

Da für die letzten beiden Lieferungen bisher keine Zahlung **erfolgte***, wären wir Ihnen für eine baldige Erledigung der Angelegenheit sehr verbunden.

Sicherlich ist diese Verzögerung auf ein Versehen in Ihrer Buchhaltung zurückzuführen.

Wir hoffen auf Regelung dieser Angelegenheit und verbleiben

mit freundlichen Grüßen

Dr Schrader
Theophil Scherzberg GmbH.

Uhandstraße 121/124
D-8011 Putzbrunn (Germany)
Tel.: 089/3 24 32 Telex: 054 129 Fax: 089/245 987
Bremer Bank AG (BLZ 590 49909)
Commerzbank AG Putzbrunn (BLZ 340 49003) 108790989

[1] Wholesale and retail trading
[2] May we draw your attention to......

a) What is Dr. Schrader's main complaint?
b) What does he suggest is the cause of the problem?

Brief 9.2

Sehr geehrter Herr Stiller,

wir möchten Sie auf unsere **Rechnung*** Nr.: 896/1A vom
8. August aufmerksam machen, deren Bezahlung noch
aussteht*.

Wir möchten Sie bitten, diese Angelegenheit **umgehend***
zu erledigen.

Sollten Sie den Betrag inzwischen **überwiesen*** haben,
betrachten* Sie die Sache bitte als erledigt.

Mit freundlichen Grüßen

R. Langer

---

a) What is the **Angelegenheit** mentioned in the letter?
b) What could be the purpose of the reply to this letter?

Brief 9.3

Sehr geehrte Frau Neuss,

wir bestätigen hiermit den Erhalt Ihres Schreibens vom
12. September dieses Jahres. Sie machten uns darin auf
die **Überziehung*** der **Zahlungsfrist*** Ihrer letzten
beiden Rechnungen aufmerksam.

Da wir uns vorübergehend in finanziellen Schwierig-
keiten befinden, überweisen wir jetzt die Hälfte des
Betrages und werden den Restbetrag in den nächsten drei
Monaten **begleichen***.

Wir sind Ihnen für Ihr Verständnis sehr verbunden.

Mit freundlichen Grüßen

Heinz vom Bruch

Anlage: Scheck

a) What was the purpose of the letter written on the 12th September?
b) How is Herr Bruch trying to overcome this problem?

Brief 9.4

Sehr geehrter Herr Matthias,

ich habe natürlich Ihr Schreiben vom 8. Januar
erhalten, in dem Sie mich auf die ausstehende Bezahlung
unserer Bestellung Nr.: A/97867 hinwiesen.

Es ist Ihnen sicherlich bekannt, daß wir stets **bemüht***
waren, unsere Rechnungen mit einem Minimum an
Verzögerung zu begleichen.

Der Schaden, der durch den Hurrikan im Süden Englands
entstand, **verursachte*** auch bei uns **ernsthafte***
Liquiditätsprobleme. Wir wären Ihnen deshalb für eine
Verlängerung der Zahlungsfrist von 30 Tagen sehr
verbunden.

Wir danken Ihnen im voraus.

Mit freundlichen Grüßen

Axel Hardenberg

a) What was the letter of 8th January about?
b) What does **Es ist Ihnen sicherlich bekannt** suggest?
c) Why has the company had to spend a lot of money lately?

Drills

Re-write the following sentences using the items listed. Make changes
in tense and agreement where necessary.

1) Dürfen / wir / Sie auf unsere / Rechnung / vom / 4.
   März / aufmerksam machen.

   a) ich / Kontoauszug / 8. Februar
   b) Herr Schultz / **Quittung*** / 10. Januar
   d) wir / **Seefrachtbrief*** / 22. Juli
   e) ich / **Bankauftrag*** / 19. Juni

2) Wir / wären / Ihnen deshalb für eine Verlängerung der
   Zahlungsfrist von / 30 Tagen / sehr verbunden.

   a) Ich / zwei Wochen
   b) Unser Direktor / einem Monat
   c) Wir / einigen Tagen
   d) Ich / sechs Wochen

3) Wir / möchten / Sie auf / unseren / Kontoauszug Nr.:
   896-1A / vom 8. August / aufmerksam machen, / dessen
   Bezahlung noch aussteht.

   a) Ich / Quittung Nr.: 9809-A / 10. Juni
   b) Unser Einkaufsleiter / Bankauftrag Nr.: 2198 / 14.
      Mai
   c) Wir / Rechnung Nr.: A432 / 18. Oktober
   d) Ich / **Akkreditiv*** Nr.: 000211 / 20. Dezember

Grammar Check

The past subjunctive is used to express requests, e.g. **wären wir Ihnen
für eine baldige Erledigung der Angelegenheit sehr verbunden**
(Brief 9.1) and **Wir wären Ihnen deshalb für eine Verlängerung der
Zahlungsfrist von 30 Tagen sehr verbunden** (Brief 9.4).

Note also the common use of **möchte** to express the conditional, "We
would like to": **wir möchten Sie auf unsere Rechnung Nr.: 896/1A
vom 8. August aufmerksam machen** and **Wir möchten Sie bitten**
(Brief 9.2). See also the Grammar Check for Unit 1.

Übung 9.1

Complete the following letter from a supplier complaining to a client about the non-payment of his last consignment of goods.

Sehr geehrte Herren,

dürfen wir ....

..... 9. Januar ..... machen. Da für

.... Lieferungen .....

..... Zahlung erfolgte, wären wir .....

.... Erledigung .....

..... sehr verbunden.

Sollten Sie den Betrag ....

....., betrachten .... Sache

.... erledigt. Sicherlich .....

.... ein Versehen in Ihrer

Buchhaltung ......

Mit freundlichen Grüßen

Übung 9.2

mit einem Minimum an Verzögerung

ist Ihnen sicherlich bekannt, daß

den Hurrikan im Süden Englands

uns darin auf die Überziehung der Zahlungsfrist

ernsthafte Liquiditätsprobleme. Wir wären

wir den Erhalt Ihres Schreibens vom

verbleiben mit freundlichen Grüßen, G. Buresch

Geschäftsleiterin.

Ihnen deshalb für eine Verlängerung der

wir stets bemüht waren, unsere Rechnungen

Sehr geehrte Herren, hiermit bestätigen

Wir hoffen auf Regelung der Angelegenheit und

Ihrer letzten beiden Rechnungen aufmerksam. Es

Zahlungsfrist von 30 Tagen sehr verbunden.

zu begleichen. Der Schaden, der durch

12. September dieses Jahres. Sie machten

entstand, verursachte auch bei uns

Übung 9.3

Write a letter in German from Mr. J. Bressler of Century Fittings at 8 Forest Street, Howell Trading Estate, Redhill, Surrey SU7 TW3 Tel: (076) 986574: Telex: 876 343 to Dr. Klaus Meyer of Compair Licht GmbH, Reimersbrücke 8, D-5000 Köln 1. Include the date and references and state that:

- you have certainly received their letter of 25th May regarding the non-settlement of their order A/8675.
- you have temporary financial difficulties.
- you are sending him half of the amount due.
- you will pay the remainder within three months.
- thank him in advance and end appropriately.

Status enquiries —
Geschäftsreferenzen

Study the model letters, answer the questions and complete the exercises.

Brief 10.1

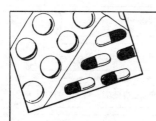

PHILIPS & PARTNERS
Pharmaceuticals
8 Bishopsgate, Charminster
Bournemouth, Dorset BH8 8PY

Tel: 0202/372321 Telex: 43208 Fax: 0202/87654

Ihre Zeichen   Unsere Zeichen
BB/D

The Manager
Norddeutsche Landesbank Girozentrale
Überseering 5
D-1000 Berlin 10
Germany

5. März, 19..

Sehr geehrte Herren,

wir haben soeben einen wichtigen Auftrag von einer
Firma erhalten, deren Namen auf beiliegendem Blatt
steht.

Wären Sie bereit, uns nähere Informationen über diese
Firma mitzuteilen?

Wir wären besonderes daran interessiert zu **erfahren***,
ob die fragliche Firma finanziell gesund ist und ihr
Waren auf Kredit in Höhe von 50.000,- DM **bewilligt***
werden könnte.

Wir versichern Ihnen, daß alle uns gegebenen Auskünfte
streng **vertraulich*** behandelt werden.

Mit freundlichen Grüßen

J. D. Philips
Direktor

a) Why is Mr. Philips asking the bank for information?
b) What has he done to protect the confidentiality of his client?
c) What does he particulaly want to know?

Brief 10.2

Sehr geehrte Herren,

für Informationen über Helmut Elsing Maschinenfabrik
GmbH (Postfach 3421, D-7680, Reutlingen 1), die bei uns
ein Konto eröffnen möchte, wären wir Ihnen sehr
dankbar.

Da wir bisher mit dieser Firma keine Verbindung hatten,
wären wir Ihnen sehr verbunden, wenn Sie uns über ihr
finazielles **Ansehen* Auskunft*** geben könnten. Würden
Sie uns eine Geschäftsverbindung **empfehlen***?

Wir hoffen auf eine schnelle Antwort und legen einen
internationalen **Antwortschein*** bei.

Mit freundlichen Grüßen

Franz Waldner
Exportabteilung

a) Why is Franz Waldner writing to this particular company?
b) What does he particularly want to know?
c) What has he done to ensure a quick reply?

Brief 10.3

Sehr geehrte Herren,

wir wären sehr an Ihrer Meinung über Walter & Zadelhof
Technologie GmbH. interessiert, die Sie uns als
Referenz nannte.

Bevor wir uns **entgültig* verpflichten***, würden wir
gerne von Ihnen erfahren, was Sie von der Qualität der
Arbeit und des **Kundendienstes*** dieser Firma halten.

Wir versichern Ihnen, daß alle **Angaben*** vertraulich
behandelt werden.

Wir bedanken uns im voraus.

Mit freundlichen Grüßen

G. Wilkins
General Manager

a) **What does Mr. Wilkins want to know before he does business with Walter & Zadelhof Technologie GmbH?**

Brief 10.4

Sehr geehrte Herren,

Die Münchmeyer & Schultz GmbH bat[1] uns, Ihnen einen
wichtigen Auftrag über Haushaltswaren zu erteilen.

Die Firma nannte uns Ihren Namen und Ihre Adresse.
Über eine schnelle Auskunft bezüglich der finanziellen
Lage dieser Firma wären wir Ihnen daher sehr verbunden.

Obwohl wir an deren **Zahlungsfähigkeit*** nicht zweifeln,
hätten[2] wir doch gerne eine **Bestätigung***, daß deren
finanzielle Lage vierteljährliche Zahlungen in Höhe von
5.000.000- DM erlaubt.

Selbstverständlich werden alle Informationen
vertraulich behandelt.

Mit freundlichen Grüßen

Heinz Westerhoff
Exportabteilung

[1] have offered us
[2] we would like to have (past subjunctive)

a) What sort of an order has Münchmeyer & Schultz GmbH placed?
b) How often will they be required to pay?

Drills

Complete the sentences as in the examples. Make changes in tense and agreement where necessary:

1) Wir / haben soeben einen wichtigen Auftrag von einer / Firma / erhalten, deren Namen auf beiliegendem Blatt steht.

   a) Ich / Gesellschaft
   b) Herr Rauch / Molkerei
   c) Wir / Möbelhaus
   d) Ich / Laden

2) Wir / wären besonders daran interessiert zu erfahren, ob die fragliche / Firma / finanziell gesund ist und ihr Waren auf Kredit in Höhe von / 50.000,- DM bewilligt werden könnte.

   a) Ich / Gesellschaft / 60.000,- DM
   b) Frau Kollar / Geschäft / 100.000,- DM
   c) Wir / Kunden / 75.000,- DM
   d) Ich / Laden / 80.000,- DM

3) Für / Informationen / über / Helmut Elsing Maschinenfabrik GmbH, / die bei / uns / ein Konto eröffnen möchte, / wären / wir / Ihnen sehr dankbar.

   a) Angaben / die Albert Wetzel GmbH / uns
   b) Einzelheiten / die UOD Vertriebsgesellschaft GmbH / Herr Kronsbein
   c) Auskunft / Dr. Manfred Trumpf / uns
   d) Informationen / die Rau Electronics Holding GmbH / uns

Grammar Check

The commonest adverbial conjunctions are **also** (so, therefore), **auch** (also, in addition), **außerdem** (besides), **daher, darum** (therefore), dann (then), dennoch (nevertheless, yet), deshalb, deswegen (for that reason), inzwischen (meanwhile), jedoch (however), kaum (scarcely), so (so), sonst (otherwise), trotzdem (nevertheless) and übrigens (after all, by the way).

Examples in the texts are wären wir Ihnen daher sehr verbunden (Brief 10.4) and Sollten Sie den Betrag inzwischen überwiesen haben, ... (Brief 9.2); also Wir wären Ihnen deshalb für eine Verlängerung der Zahlungsfrist von 30 Tagen sehr verbunden (Brief 9.4).

Übung 10.1

Complete the following letter to a bank asking for confidential information about a potential client.

```
Sehr geehrte Herren,

wir ..... ..... ..... ..... Auftrag von

einer Firma erhalten, deren ..... .....

..... ..... steht.  Da wir ..... .....

..... ..... ..... Geschäftsverbindung

hatten, wären wir ..... ..... .....,

wenn Sie ..... ..... ..... ..... Lage

Auskunft geben könnten. ..... .....

..... ..... ..... empfehlen? Wir

versichern Ihnen, daß ..... ..... .....

..... werden.

Mit ..... .....

Dieter Scherer
```

Übung 10.2

Re-order the following to make a letter similar to 10.1—10.4:

```
Sie von der Qualität der
```

über die SASCO Aktiengesellschaft, Parkstraße

Heinz Gatzke, Direktor, Puzmann Technik.

internationalen Antwortschein bei. Wir

bei uns ein Konto eröffnen möchte, wären

wir gerne von Ihnen erfahren, was

halten. Wir hoffen auf eine

9, Postfach 5602, 4000 Düsseldorf, die

bedanken uns im voraus. Mit freundlichen Grüßen,

Arbeit und des Kundendienstes

uns endgültig verpflichten, würden

Sehr geehrte Herren, für Informationen

schnelle Antwort und legen einen

wir Ihnen sehr dankbar. Bevor wir

Übung 10.3

Write a letter in German from one of the companies in a previous units to the Manager of the Schweizerische Kreditanstalt (Deutschland) AG, Veddeler Damm 43, D-4005 Meerbusch 1 asking for their opinion of Claassen & Levinson GmbH of Schaarsteinwegsbrücke 3, D-5900 Siegen 1. Mention that:

- they gave the bank's name as a reference
- although you are sure of their ability to pay their bills, you would like to know if they would be able to meet quarterly bills of up to 6000 000,- DM
- the bank can be sure that the information will be treated as confidential.
- end appropriately.

Cancellations and alterations — Zurücknahme und Änderung von Aufträgen

Study the model letters, answer the questions and complete the exercises.

Brief 11.1

KLAUS DOCKWEILER Intern.¹ Computers GmbH
Stephanstr. 3
D-6236 Eschborn
Nachf.:² Walter Schütler

Tel.: 06196/45316
Telex: 43087

Zadelix Elektronik GmbH
z. H.³ Herrn Dr. Weichhardt
Fliedersteig 10-11
D-2800 Bremen 1

Ihre Zeichen	Ihre Nachricht	vom Unsere Zeichen	D u rchwahl	Datum
Dr/w	5/10/9..	WS/GO	-243	10/10/9.

Sehr geehrter Dr. Weichardt,

wir bedauern, Ihnen mitteilen zu müssen, daß sich in
unserer Bestellung Nr.: A/1473 vom 5 Oktober dieses
Jahres ein Fehler **eingeschlichen*** hat.

Anstatt:- **Sammelbehälter*** für 200 Computerdisketten
sollte es Sammelbehälter für 100 Audiokassetten heißen.

Wir bitten Sie, den bedauerlichen Fehler zu
entschuldigen.

Mit freundlichen Grüßen

W. Schülter

Walter Schülter
Geschäftsleiter

[1] international
[2] **Nachfrage** = enquiry
[3] **zu Händen** = for the attention of

a) How does Herr Schülter try to minimise the error?
b) What is the error exactly?

Brief 11.2

Sehr geehrte Herren,

wir bestellten am 4. Januar einen >>Siemens<<-
Küchenradio RG 288 (für Montage unter einem Regal), der
Ende des Monats geliefert werden soll.

Wie wir jedoch feststellen mußten, reicht unser
derzeitiger Warenbestand[1] noch für den kommenden Monat
aus[2], und wir möchten den Auftrag deshalb
zurückziehen*.

Ich hoffe, daß Sie in Anbetracht[3] unserer langjährigen
Geschäftsbeziehungen[4] diese **Änderung*** akzeptieren
werden.

Mit freundlichen Grüßen

Dieter Kögel
Verkaufsleiter

[1] our present stock
[2] **ausreichen** = to be enough, to suffice
[3] in view of, considering
[4] our longstanding dealings

a) Approximately how long has Herr Kögel been waiting for his order?
b) What does it seem has happened during this time?

Brief 11.3

Sehr geehrte Herren,

mit **Bedauern* entnahmen*** wir Ihrem Schreiben vom 9.
Oktober, daß es Ihnen nicht möglich ist, unseren
Auftrag Nr.: 875-326 vereinbarungsgemäß¹ zu liefern.

Wir müssen Sie darauf hinweisen, daß wir auf ein
Einhalten* des Liefertermins **bestehen*** ² und wir uns
nun **gezwungen*** sehen, den Auftrag **zurückzunehmen***.

Mit freundlichen Grüßen

Wolfgang Malszahn
Direktor

¹ according to the stipulated details
² that the delivery date should be adhered to

a) What did the letter of 9th October inform Herr Malszahn?
b) Why has he cancelled the order?

Brief 11.4

Sehr geehrte Frau Schnabel,

wir bitten Sie unsere Bestellung über 8 Paar Socken zu
annullieren, da Sie die gewünschten Artikel nicht auf
Lager haben.Bitte senden Sie uns dafür 10 Paar
Kniestrümpfe (Farbe wie bei den Socken).

Bitte entnehmen Sie der Anlage das abgeänderte
Bestellformular.

Wir wären Ihnen dankbar, wenn Sie uns in Kürze
bestätigen könnten, ob diese Änderung möglich ist.

Wir hoffen auf eine positive Antwort und verbleiben

Mit freundlichen Grüßen

Hanna Rosenberg
Verkaufsleiterin

a) Why is Frau Rosenberg cancelling her original order?
b) What is enclosed in the letter?
c) What word would you expect to be at the end of the letter?

Drills

Complete the sentences as in the examples. Make changes in tense and agreement where necessary:

1) Wir / bedauern, Ihnen mitteilen zu müssen, daß sich in unserer Bestellung Nr.: / A-1473 / vom / 5 Oktober / dieses Jahres ein Fehler eingeschlichen hat.

   Anstatt:- Sammelbehälter für 200 Computerdisketten sollte es Sammelbehälter für 100 Audiokassetten heißen.

   a) Ich / B-231A / 9. Juli / 94 C 216 Pflanzschalenpaar, H25, 30 45.- / 94 D 215 Pflanzschalenpaar, H27,_35 55.-

   b) Frau Bannasch / 432-A / 12. Juni / 94 F 502 beige Sesselpolster, 123x50x10 cm / 94 B 506 blaue Sesselpolster

   c) Wir / 536-OB / 21. Dezember / 95 A 330 Universalwagen[1] aus Stahlrohr[2] / 95 V 331 Universalwagen in verchromter Ausführung[3]

   d) Ich / 9803/21 / 29. Februar / 29 B 999 Raumsparbetten Größe 123x110x36 cm / 59 B 368 Raumsparbetten Größe 83x110x36 cm

2) Wir / bestellten am / 4. Januar / einen / Graphik Equilicer VOXIMUND, / der / Ende des Monats / geliefert werden sollte.

   a) Ich / 9. März / Vielzweckkommode[4] / Ende der Woche.

   b) Herr Schedwill / 29. Oktober / Konsole[5] / nächsten Monat.

   c) Unsere Kunden / 14. Februar / Flaschenständer / nächsten Freitag.

   d) Wir / 5. Juli / Truhe[6] (mit aufklappbarem Deckel) / Übermorgen.

3) Da Sie die gewünschten Artikel nicht auf Lager haben, bitten / wir / Sie unsere Bestellung über / 8 Paar Socken zu annullieren. / Bitte senden Sie uns dafür / 10 Paar Kniestrümpfe (Farbe wie bei den Socken).

   a) ich / 10 Video-Phono-Schränke / 10 Eckschränke (Eiche rustikal).

   b) Herr Farnschläder / 1 Kentucky-Rifle 19. Jahrhundert,

Länge 110 cm. / 1 US-Colt 45 Automatic, Modell
Government, Jahrgang / 1911, Länge 24 cm.
c) unsere Kunden / 20 Paar Jeans-Shorts in blau- weißem
Streifendessin. / 20 Paar Herren-Bundfalten[7]-Bermudas.
d) wir / 20 Übergardinen-Garnituren
(schwarzgrundig). / 20 Übergardinen-
Garniture (weißgrundig).

[1] serving trolleys
[2] in steel piping
[3] the chrome version
[4] Multi-purpose chest of drawers
[5] console
[6] Trunk
[7] with bunched pleats

Grammar Check

A subordinating conjunction sends the verb to the end of the clause, e.g.
Da Sie die gewünschten Artikel nicht auf Lager haben, ... (Brief 11.4).

The main subordinating conjunctions are **als** (when), **bevor** (before),
bis (until), **damit** (in order to), **daß** (that), **indem** (while), **nachdem**
(after), **obgleich, obwohl** (although) **seitdem** (since), **während** (while),
weil (because), **wenn** (if, whenever), **wie** (how) and **wo** (where).

Übung 11.1

Complete the following letter cancelling an order because the supplier
doesn't have the goods in stock.

```
Sehr  .....  .....

da .....  .....  .....  ..... nicht auf

Lager haben, bitten .....  .....  .....

..... Nr.:235/1A zu annullieren. Ich

hoffe, daß Sie in .....  .....  .....

..... diese Änderung akzeptieren

werden. Bitte entnehmen .....  .....

.....  .....  ..... Bestellformular.

Mit freundlichen Grüßen
```

Übung 11.2

Re-order the following to make a letter similar to Letters 1 - 4

> Auftrag deshalb zurückziehen. Ich bitte

> entschuldigen. Mit

> Ende des Monats geliefert werden sollen. Wie

> freundlichen Grüßen, Hans-Kurt Peicher.

> kommenden Monat aus, und ich möchte den

> am 4. Januar 20 >>Blaupunkt<< Cassetten-

> Sie, den bedauerlichen Fehler zu

> unser derzeitiger Warenbestand noch für den

> Sehr geehrte Herren, ich bestellte

> Autoradios Freiburg SQS 39 Rundfunkteil, die

> ich jedoch feststellen muß, reicht

Übung 11.3

Write a letter in German (adding references, date, etc) from Gerald Booth, the Manager of Intertech (8 Old Orchard Road, Upper Beeding, Surrey SR8 UK6) to Hubertus Deike, Director of Simex Electro GmbH., Linke Wienzeile 29a, A-2225 Zistersdorf, Austria, apologising that:

— there was an error in your order Nr: 9807/B of 7th September
— instead 200 F/6736A transistors the order should have read: 200 F/6836B transistors
— you would be grateful if he would let you know if they can change the order
— end appropriately.

Introducing a new salesperson —
Vorstellung eines neuen Außendienstmitarbeiters

Study the model letters, answer the questions and complete exercises.

Letter 12.1

AURIGA GAULIN GmbH
Rettungsgeräte für die Schiffahrt*
Gummischuhe und -stiefel

Mr. G. Bankson,	Richard-Wagner-Str. 32
Sussex Boats,	D-Kiel 24
Shoreham Harbour,	Tel: 055/33 234
Sussex SN21 3PO	Telex: 9876352
U.K.	Telefax: 4 23 25 89

Ihre Zeichen,	Ihre Nachricht vom	Bei Beantwortung bitte angeben[1]	Datum
GB/SB		Manfred Kottenhahn	12/4/9..

Sehr geehrter Herr Bankson,

wir haben das Vergnügen den Besuch unseres neuen Außendienstmitarbeiters, Manfred Kottenhahn, in Shoreham **ankündigen*** zu dürfen. Er wird eine vollständige Auswahl unserer neuesten **Muster*** mitbringen.

Er wird Sie im Laufe[2] der nächsten Woche besuchen.

Ich bin sicher, daß Sie Herrn Kottenhahns freundliche und **zuvorkommende*** Art sowie seine **fachlichen*** Qualitäten **schätzen*** werden.

Ich hoffe, Sie werden ihn in Shoreham herzlich **aufnehmen*** und ihm einige Aufträge erteilen, die wir schnell und sorgfältig ausführen werden.

Mit freundlichen Grüßen

Helmut Bresser

Helmut Bresser
Direktor

[1] In replying please quote
[2] during the course of ...

a) Who is Manfred Kottenhahn?
b) What is he bringing with him to the U.K.?

Brief 12.2

```
Sehr geehrter Herr Freudlinger,

wir freuen uns sehr, daß Sie an unseren Waren
interessiert sind.
Unsere Außendienstmitarbeiterin, Tessa Morton, wird
sehr bald mit dem vollständigen Sortiment unserer
neuesten Produkte sowie unserer aktuellen Kollektion¹
in Ihrer Gegend* sein.

Wir wären Ihnen sehr dankbar, wenn Sie uns mitteilen
könnten, ob Sie an einem Besuch unserer
Außendienstmitarbeiterin interessiert sind, und wir
einen Termin* vereinbaren* können.

Mit freundlichen Grüßen


Simon Clarke
Manager
ABC Marketing Services plc
```

[1] current range

a) What prompted Mr. Clarke to write this letter?
b) What is the purpose of the letter?

Brief 12.3

Sehr geehrter Herr Thiessig,

unser neuer Außendienstmitarbeiter, Bill Davey, wird
Sie im Laufe der nächsten Woche besuchen.

Er wird Sie selbst über Datum und Uhrzeit seines
Besuches informieren, und wir hoffen, daß Sie ihn
freundlich aufnehmen werden.

Wir können Ihnen versichern, daß jede Bestellung wie
üblich schnell und sorgfälltig erledigt wird.

Wir hoffen, daß Sie mit dieser Vereinbarung
einverstanden sind.

Mit freundlichen Grüßen

John Cooper
Director, JC & Partners

a) When is Bill Davey going to make his visit?
b) How will the client know when he is coming?

Brief 12.4

Sehr geehrte Frau Pohl,

ich habe das Vergnügen, Ihnen unseren neuen
Außendienstmitarbeiter John Higgins vorzustellen.

Er wird Ihnen in unserem Auftrag[1] eine Kollektion
unserer neusten Modelle zeigen.

Wir möchten Sie besonders auf die **außergewöhnliche***
Qualität unserer Nylonmodelle aufmerksam machen, die
wir zu einem ungewöhnlich günstigen Preis[2] anbieten.

Wir hoffen, daß Sie von unserem Angebot Gebrauch machen
werden und versichern Ihnen, daß jeder Auftrag
selbstverständlich mit der größten Sorgfalt von uns
bearbeitet wird.

Mit freundlichen Grüßen

Keith Anderson
Verkaufsleiter

[1] on our behalf

[2] extremely favourable prices

a) Who is John Higgins?
b) What product is Keith Anderson trying to promote?

Drills

Complete the sentences as in the examples. Make changes in tense and agreement where necessary:

1) Unser / neuer / Außendienstmitarbeiter, / Bill Davey, / wird Sie / im Laufe der nächsten Woche besuchen.

   a) Außendienstmitarbeiterin, Gerda Spriesterbach, / Ende dieser Woche
   b) Handlungsreisende, Martin Triebel, / im Laufe des nächsten Monats
   c) Kollegen, Hans Fischer und Bruno Schmidt, / morgen
   d) Vertreter, Axel Sattler, / übermorgen

2) Wir freuen / uns / sehr, daß Sie an unseren Waren interessiert sind. Unsere / Außendienstmitarbeiterin, Tessa Morton, wird sehr bald / mit dem vollständigen Sortiment / unserer / neuesten Produkte sowie / unserer / aktuellen Kollektion, / in Ihrer Gegend sein.

   a) mich / Kollege, Willi Wolfert / im Laufe der nächsten Woche
   b) Herr Schnabel / Vertreterin, Olga Beiner, / Ende dieser Woche
   c) uns / Kollegen, Rudolf Priefert und Horst Herring / Ende des Monats
   d) mich / Handlungsreisender, Freddy Klempenberg / Anfang nächsten Jahres

3) Wir / haben das Vergnügen den Besuch / unseres neuen Außendienstmitarbeiters, / Manfred Kottenhahn, / in / Shoreham / ankündigen zu dürfen. / Er / wird eine vollständige Auswahl / unserer neuesten / Muster mitbringen.

   a) Frau Traube / Kollegin, Lotte Gins, / Birmingham
   b) Ich / Vertreterin, Margaret O'Connel / Bremen
   c) Wir / Außendienstmitarbeiters, Manfred Kottenhahn, / Brighton
   d) Herr Winkler / Handlungsreisenden, Duncan Hall / Bochum

Grammar Check 12

Prepositions: Those requiring the accusative are **bis, durch, für, gegen, ohne** and **um**.

The main prepositions requiring the dative are **aus, bei, gegenüber, mit, nach, seit, von** and **zu**.

The main proposition requiring the genitive are **statt, trotz, während** and **wegen**.

The following prepositions require the accusative when they answer the question "Where to?" and the dative when they answer the question "Where?": **an, auf, hinter, in, neben, über, unter, vor** and **zwischen**.

Revise the use of prepositional collocations in Units 1 — 12. For example:

interessieren für (Brief 1.1)
interessieren an (Brief 2.2)
In der Hoffnung auf (Brief 7.1)
beim Auspacken (Brief 7.3)
informieren über (Brief 7.3)
über das Luftfrachtdepot (Brief 7.4)
überprüfen auf (Brief 7.4)
compare **in der Lage** and **auf Lager** (Brief 8.2)
zurückfahren auf (Brief 9.1)
machen auf (Brief 9.2)
hinweisen auf (Brief 9.4)
begleichen an (Brief 9.4)
entstehen durch (Brief 9.4)
verbunden für (Brief 9.4)
An Ihrer Meinung (Brief 10.3)
ein Auftrag über (Brief 10.4)
traten an (Brief 10.4)
zur Lieferung für Ende des Monats (Brief 11.2)
im Laufe (Brief 12.2)
gegen jegliches Risiko (Brief 13.2)

Übung 12.1

Complete the following letter introducing a new representative

```
.....  .....  Herr Nieden

es  .....  .....  .....  .....  hören, daß

Sie an  .....  .....  .....  sind. Unser
```

Vertreter, Heinrich Lehmann, wird sehr

bald mit ....

Produkte sowie .... Kollektion

.... Gegend sein. Ich .....

....., daß Sie Herrn Lehmanns .....

.... Art sowie seine ....

schätzen ......

Mit freundlichen Grüßen

Übung 12.2

Re-order the following to make a letter similar to 12.1—12.4:

Außendienstmitarbeiters interessiert

mitbringen. Wir wären Ihnen sehr

Sehr geehrter Herr Brunn, hiermit

Laufe der nächsten Woche besuchen. Er wird eine

Sie an einem Besuch unseres

sind, und wir einen Termin vereinbaren

habe ich das Vergnügen den Besuch unseres

dankbar, wenn Sie

Exportleiter, Lynn & Russel Associates.

neuen Außendienstmitarbeiters, Peter Wilkins, in

können. Mit freundlichen Grüßen, George Hohley,

Freiburg ankündigen zu dürfen. Er wird Sie im

vollständige Auswahl unserer neusten Muster

uns mitteilen könnten, ob

Übung 12.3

Write a letter in German (include the date and references) from Hans Hassler the Director of Nelcogesellschaft GmbH (Klusriede 25, 7032 Hamburg) to William Holding the Director of Nelco Distribution (24 Great Swallow St., London WIV 3NF) introducing a new representative for the area, Thomas Brandt. Inform Mr Holding that:

- Thomas Brandt will come and see him during the course of the following week.
- he will present a collection of the latest models.
- the plastic goods are of an exceptionally high quality and sell at a very competitive price.
- you hope that he will give Herr Brandt a warm welcome
- as well as some orders.
- end by saying that you hope Mr. Holding appreciates the quality of your goods and that you can continue doing business with him.

PART TWO
SUBJECTS FOR FURTHER PRACTICE

Insurance — Versicherung

Study the model letters, answer the questions and complete the exercises.

Brief 13.1

Thanking a client for a completed proposal form and enclosing a cover note —
Dankschreiben für ein ausgefülltes Antragsformular und Hinweis auf
beiliegende Deckungszusage

Sehr geehrte Herren,

vielen Dank für Ihr Schreiben vom 12. Juli, dem Sie ein
Antragsformular beilegten.

Ihre **Versicherungspolice*** wird zur Zeit von uns
bearbeitet und Ihnen im Laufe des Monats zugeschickt.

In der Zwischenzeit[1] sind Sie selbstverständlich
versichert*. Bitte entnehmen Sie der Anlage den
vorläufigen* Versicherungsschein[2].

Mit freundlichen Grüßen

Rudolf Winter
Droege & Schwarz, Versicherungsmakler

---

[1] In the meantime
[2] the cover note

a) The letter written on 12th July had "Anlage:" at the bottom. Why?
b) Why did Herr Winter send the cover note and not the policy?

Brief 13.2

Asking for compensation from a supplier for goods damaged — Anfrage nach
Kompensation für beschädigte Waren beim Lieferanten

Sehr geehrte Herren,

leider müssen wir Ihnen mitteilen, daß ein Teil der
Waren, die Ihre Agentur in Bremerhaven auf dem Frachter
"Muharraq" sandte, in sehr schlechtem Zustand
eintrafen. Bitte entnehmen Sie dem Anhang den Bericht
der Zollbeamten.

Der geschätzte Schaden beläuft sich auf 50.000 DM-.
Die Ladung wurde von unserem Londoner Büro gegen
jegliches Risiko versichert. Wir bitten Sie deshalb,
den auch von Ihrem Experten geschätzten Schaden
anzuerkennen und unseren Forderungen so bald wie
möglich entgegenzukommen.

Mit freundlichen Grüßen

Hans von Hagen.

a) What does Herr von Hagen want the supplier to do?
b) What is enclosed in this letter?

Brief 13.3

Requesting indemnity from a shipper for damaged goods —
Schadenerzatzforderung an einen Spediteur für beschädigte Waren.

Sehr geehrte Herren,

beim Eintreffen Ihrer Container in Hamburg heute morgen
fiel dem Spediteur auf, daß mehrere Kisten Ihrer Ladung
beschädigt waren.

Unser Gutachter überprüfte daraufhin die Ladung. Diese
war vollständig, aber zum Teil beschädigt wie zum
Beispiel:

2 Walnußtische Antik,
12 Sets Chippendale Stühle.

Sie finden im Anhang den Bericht des Gutachters in
dreifacher Ausfertigung sowie ein Schreiben des
Spediteurs mit der Bestätigung, daß der Schaden sofort
nach Eintreffen im Depot bemerkt wurde.

Wir wären Ihnen sehr dankbar, wenn Sie die
Angelegenheit an Ihre Versicherung weiterleiten würden.
Die Policennummer ist P/96106.

In der Zwischenzeit wären wir Ihnen für eine
Ersatzlieferung sehr dankbar, da unsere Kunden auf die
Waren warten.

Mit freundlichen Grüßen

Caroline Schuff

Anlagen: 2 Verteiler: Spediteur

---

a) What are the enclosures in this case?
b) What does the client want the shipper to do?

Übung 13

Write a letter to a supplier complaining that Flight DA 765 arrived in
Gatwick airport this morning as expected, but when:

- your agent inspected the cargo he noticed that one of the
  boxes in container No: 12 had been damaged.
- you contacted your insurance representative in Brighton
  who agreed to be present when box was opened.
- he found several of the articles were spoilt.
- you are sending his report.
- you would like the supplier to make a claim with the
  underwriters.
- mention that, because of this mishap, you are in a very
  embarrassing situation as regards your customers.
- ask the supplier to send you replacements by air freight, as
  soon as possible.

Agencies — Agenturen

Study the model letters, answer the questions and complete the exercises.

Brief 14.1

Offering an agency — Einrichtung einer Vertretung

Sehr geehrte Herren,

wir haben in der **Vergangenheit*** eine große Quantität
von Konfitüre in verschiedenen Teilen Deutschlands
verkauft und sind nun daran interessiert, eine Agentur
zu **beauftragen***, unseren Marktanteil zu vergrößern.
Bei den fraglichen Produkten[1] handelt es sich um[2] eine
Auswahl von Konfitüren und Honig.

Sie wurden uns von Dietmar Hellermann GmbH in
Düsseldorf empfohlen, und wir würden Ihnen deshalb
gerne die **Alleinvertretung*** für Schleswig-Holstein
anbieten.

Alle **Lieferungen*** würden genau nach Ihren Anweisungen
unserer zusammengestellt werden, da wir nur mit dem
Geschmack unserer Kunden im Nordosten des Landes
vertraut* sind, und wir wissen, daß die **Anforderungen***
von Gebiet zu Gebiet variieren.

Anbei* senden wir Ihnen unsere Preisliste, die Ihnen
einen Überblick über unser Sortiment **vermittelt***. Wir
sind uns über die Einführungsschwierigkeiten eines
neuen Produktes voll bewußt und sind daher bereit,
Ihnen 15% Kommission auf alle Netto-Verkäufe
einzuräumen*.

Wir sind sicher, daß diese Verbindung für beide Seiten
lohnend* sein wird und hoffen, daß Sie unser Angebot
annehmen werden.

Wir wären Ihnen für eine baldige Antwort sehr
verbunden[3], um Ihnen rechtzeitig unser
Einführungsangebot* vorstellen zu können.

Mit freundlichen Grüßen

Jason Whitney

[1] Referring to the products in question
[2] it's a matter of / it concerns
[3] very much obliged

a) How do you think this company sold its products before they decided to appoint an agent?
b) How does Mr Whitney try to make his offer attractive?

Brief 14.2

Accepting the offer of an agency — Annahme einer Agentur

Sehr geehrte Herren,

vielen Dank für Ihr Schreiben vom 7. Februar, in dem Sie uns eine **Vertretung*** für Ihre Fleischkonserven **anboten***.

Wir würden Ihr Angebot gerne annehmen, jedoch müssen wir Sie darauf **hinweisen***, daß nur eine Alleinvertretung **lohnend*** wäre, da der Markt für Ihre Konserven durch die **einheimische*** Konkurrenz limitiert ist. Ferner erschwert die **Bevorzugung*** von Frischwaren eine rasche Expandierung auf dem Markt für englische Fleischkonserven.

Aus diesen Gründen[1] sind wir der **Ansicht***, daß sich durch die Konkurrenz einer weiteren Agentur unsere **Bemühungen*** nicht lohnen werden. Sollten Sie uns jedoch die Alleinvertretung für Deutschland **übertragen***, sind wir sicher, daß durch unsere **ausgedehnten*** Marketing **Erfahrungen*** und unsere wertvollen Kontakte, Ihre Produkte mit Erfolg auf dem **hiesigen*** Markt eingeführt werden.

Mit freundlichen Grüßen

Christian Büschel

[1] In these circumstances

a) What reason does the writer give for wanting a sole agency?
b) What is one of the problems encountered when trying to sell English foodstuffs in Germany?

Übung 14

Write a letter to a company in Germany and include the following points:

- you were very much impressed by the quality of their agricultural products which you recently saw in action in Germany.
- you are interested to know if they have considered appointing an agent in the U.K.
- point out that you are a leading firm of importers and distributors of many years' standing.
- you have an extensive sales organisation and a very wide knowledge of the U.K. market.
- you are interested in a sole agency.
- you feel that their products would sell very well.
- you are prepared to enter into a business relationship with them.
- end the letter appropriately.

Overseas payments — Auslandszahlungen

Study the model letters, answer the questions and complete the exercises.

Brief 15.1

Reply to a large order requesting to pay by credit — Antwort auf eine große Bestellung auf Kredit

---

Sehr geehrte Herren,

vielen Dank für Ihre Anfrage bezüglich unseres Gerätesortiments zur **Feuerbekämpfung***.

Wir exportieren unsere **Ausrüstung*** weltweit an Firmen wie die Ihrige. Gegen einen Kreditbrief, ausgestellt von einer renommierten internationalen Bank, wären wir gerne bereit auch einen größeren Auftrag zu erledigen.

Wir erwarten Ihren Kreditbrief zur gegebenen Zeit, um Ihre Bestellung auf dem üblichen Wege zu bearbeiten.

Mit freundlichen Grüßen

Bernhard Hadick
Geschäftsführer

---

a) How does Herr Hadick want the client to pay for his order?
b) When will they process the order?

Brief 15.2

Confirming an order against a letter of credit — Bestätigung eines Auftrages gegen einen Akkreditiv

---

Betreff: Auftragsnr. JK/9630

Sehr geehrte Herren,

vielen Dank für Ihre oben erwähnte Bestellung.[1] Der Versand der weißen Magnettafeln ist gerade in Bearbeitung.

Wie Ihr Vertreter uns mitteilte, werden Sie einen Kreditbrief zu unseren Gunsten[2] einrichten, mit Laufzeit[3] bis zum 30. Juli 19... Diesen akzeptieren wir gerne.

Sobald Ihr Akkreditiv von unserer Bank bestätigt wurde, werden die Waren wie gewünscht versandt.

Mit freundlichen Grüßen

John Wheeler
Verkaufsleiter

---

[1] the above mentioned order
[2] in our favour
[3] valid until

a) How does Mr. Wheeler know that a letter of credit will be arranged?
b) When will the goods be shipped?

Brief 15.3

Advising that a letter of credit has been opened — Benachrichtung über die Erüffnung eines Akkreditives

---

Sehr geehrte Herren,

mit Bezug auf Ihr Schreiben vom 15. März teilen wir
Ihnen mit, daß wir unsere Bank, Norddeutsche Landesbank
Girozentrale in Bonn, **angewiesen*** haben, einen Kredit
über 60.000 DM.- in Ihrem Namen gültig bis 30. Juni
19.. **einzurichten***.

Dieser Kredit wird von Barclays Bank Guernsey bestätigt
und erteilt werden, sobald bei dieser Bank Ihr Anspruch
eingeht*.

Bitte **gewährleisten*** Sie, daß alle folgenden
notwendigen **Unterlagen* eingereicht*** werden: ein
Frachtbrief* in zweifacher Ausfertigung,
Versicherungsdeckung* über 75.000 DM.-, 4
Rechnungskopien, **Zollbeleg***.

Mit freundlichen Grüßen

Gerd Weber
Chefbuchhalter

---

a) To which bank will the customer be sending his payment?
b) What will he send with the documents?

Übung 15

Write a letter to a company informing them that:

- you acknowledge reception of their order sent on 15th January.
- your representative, Mr Blunt, has informed you that the goods are ready for shipment.
- you note[1] that they will pay by means of an irrevocable letter of credit[2] valid until the 1st March.
- when you have been informed that the credit has been opened, the goods will be packed and send according to their instructions.

[1] zur Kenntnis nehmen
[2] unwiderrufbaren Akkreditiv

Job applications –
Bewerbungsschreiben

Study the model letters, answer the questions and complete the exercises.

Letter 16.1

Applying for a post (1)

Sehr geehrte Herren,

hiermit **bewerbe*** ich mich auf Ihre Anzeige in der
"Times" vom Montag den 5. Oktober 199.. , für die
ausgeschriebene* Stelle einer zweisprachigen Sekretärin
bei ARCOM Ltd.

Aus meinem beiliegenden **Lebenslauf*** erfahren Sie
Näheres über meine berufliche **Laufbahn*** sowie über
meine Qualifikationen, die in Kürze wie folgt **lauten***:
Ich beendete meine schulische Laufbahn 1982 mit einem
B.A. und habe seitdem erfolgreich Kurse in Deutsch und
Französisch belegt.

Die letzten sechs Jahre war ich in der Exportabteilung
von Selby Ltd. tätig, wo ich unter anderem
verantwortlich für die Auslandskorrespondenz war.
Während dieser Zeit habe ich erfolgreich ein neues
Ablagesystem **eingeführt*** und den gesamten Büroablauf
modernisiert.

Nachdem ich auf diesem **Niveau*** nun seit eingigen Jahren
gearbeitet habe, **strebe*** ich eine verantwortungsvollere
Tätigkeit **an***. Über ein Vorstellungsgespräch würde ich
mich sehr freuen.

Mit freundlichen Grüßen

Kathleen O'Houlihan

Anglage
Lebenslauf

a) Why is Ms. O'Houlihan sending her C.V. to this company?
b) What new things has she introduced in her present office?

Brief 16.2

Applying for a post (2)

z.H. Herr Görke

Sehr geehrter Herr Görke,

da ich seit vier Jahren als einzige Sekretärin in einer
aufstrebenden* kleinen Firma tätig bin, möchte ich mich
nun auf Grund Ihrer Anzeige im Guardian vom Dienstag
den 12. Januar 19.. , um den Posten der
Privatsekretärin bewerben.

Als Privatsekretärin des Inhabers James Young plc in
Southampton war ich nicht nur für den täglichen
Büroablauf verantwortlich, sondern auch für die gesamte
Auslandskorrespondenz, **vorwiegend*** in Deutsch, da wir
viele unserer Produkte nach Deutschland und Osteuropa
exportieren.

Zu meinen Aufgaben gehörte außerdem[1] die Vereinbarung
privater Termine, das Selektieren von Telefongesprächen
und Besuchern und die Organisation von Mr. Youngs
Korrespondenz. Durch die dadurch gewonnenen
Erfahrungen[2] bin ich mit den Aufgaben einer
Chefsekretärin bestens vertraut[3] und werde Ihren
Erwartungen* entsprechen[4].

Anbei sende ich Ihnen meinen Lebenslauf und stehe Ihnen
jederzeit zu einem persönlichen **Vorstellungsgespräch***
zur Verfügung[5].

Ich bin jederzeit über meinen **Anrufbeantworter*** unter
der Nummer 01-6719860 zu erreichen.

Mit freundlichen Grüßen

Jenny Hinchcliffe

Anlage: Lebenslauf

[1] I was also responsible for
[2] "With the above experience behind me ..."
[3] I am thoroughly familiar with ...
[4] come up to your expectations
[5] at your disposal

a) What was Ms. Hinchcliffe's previous position?
b) What does she ask Herr Görke to do?

Brief 16.3

Applying for a post (3)

Betreff: Die Position der Touristik-Informations-
Assistentin

Sehr geehrte Herren,

mit Bezug auf Ihre Anzeige in der "Süddeutschen
Zeitung" bewerbe ich mich für die oben erwähnte
Position[1]. Meine Qualifikationen und Berufserfahrungen
sind folgende:

Ich graduierte von der Universität in Kent in dem Fach
moderne Sprachen (Deutsch und Spanisch). Mein
Handelsdeutsch erwarb ich am Goethe-Institut in London.

Nach meiner Graduierung 1987 arbeitete ich als
Korrekturleserin bei einer **Werbeagentur*** für deren
Monatsmagazin, das sich mit dem deutschen Großhandel
befaßte*. Während dieser Zeit besuchte ich Abendkurse
in Betriebswirtschaft und **Datenverarbeitung***.

Ich bin sicher, daß ich alle mir **anvertrauten*** Aufgaben
als Touristik-Informations-Assistentin zu Ihrer
vollsten Zufriedenheit **ausüben*** würde.

Ich spreche fließend Deutsch und hoffe, daß Sie meine
Bewerbung **wohlwollend*** in Betracht ziehen werden.

Mit freundlichen Grüßen

Rita Faulkner

[1] the above mentioned position

a) What did Ms. Faulkner do after she graduated?
b) How did she acquire her command of German?

Übung 16

Write a letter to a company advertising in "The Guardian" for a shorthand typist,

- mention where you saw the advertisement and ask them to consider[1] you for the post.
- tell them how long you have been employed as an audio-typist[2], giving details of your shorthand[3] and typing[4] speeds.
- say that you have recently updated[5] your qualifications by taking a course in data processing. Mention your competence in word processing (Wordstar 5.5) and D.Base 3.
- tell them how old you are and enclose your C.V. and 3 copies of testimonials[6].
- end by saying that you hope they will favour you with an interview.

[1] **die Berücksichtigung meiner Bewerbung**
[2] **Phonotypistin**
[3] **Kurzschrift Geschwindigkeit**
[4] **auf der Schreibmaschine**
[5] **verbessern**
[6] **Zeugniskopien**

Replies to job applications — Antworten auf Berwerbungsschreiben

Study the model letters, answer the questions and complete the exercises.

Brief 17.1

Calling an applicant for an interview — Einen Bewerber zu einen Vorstellungsgespräch bitten

---

Sehr geehrtes Fräulein Billings,

vielen Dank für Ihre Bewerbung als Sekretärin.

Ich möchte Sie nächsten Mittwoch den 13. März um 14.30 Uhr zu einem Vorstellungsgespräch bitten.

Sollte dieser Termin Ihnen **ungelegen*** sein, wenden Sie sich bitte an meine Sekretärin zur Vereinbarung eines beiderseits akzeptablen Termins.

Mit freundlichen Grüßen

Berndt Brand
Personalleiter.

---

a) When does Herr Brand want Miss Billings to come for an interview?
b) What does he want her to do if she cannot come on Wednesday 13th March?

Brief 17.2

Confirmation of employment — Stellenzusage

Sehr geehrter Herr Jackson,

mit Bezug auf Ihr Schreiben vom Montag den 12. Januar
kann ich Ihnen nun die Position des Systemanalytikers
in unserer Firma anbieten.

Anbei sende ich Ihnen drei Kopien Ihres
Arbeitsvertrages*. Bitte schicken Sie sobald wie
möglich zwei unterschriebene Verträge an meine
Sekretärin zurück.

Anbei senden wir Ihnen außerdem Informationen bezüglich
unserer Pensionskasse, der Betriebskantine, des
Sportclubs und über unseren jährlichen
Betriebsausflug*.

Sollten Sie noch Fragen zu den Vertragsbedingungen[1]
haben, wenden Sie sich bitte an mich.

Mit freundlichen Grüßen

Erika Wiehl

---

[1] contractual conditions

a) What does Fräulein Wiehl want Mr. Jackson to do?
b) Why would Mr. Jackson contact her again?

Brief 17.3

Turning down an applicant after an interview — Absage an einen Bewerber
nach einem Vorstellungsgespräch

Vertraulich[1]

Sehr geehrter Herr Fischer,

vielen Dank für Ihren Besuch bezüglich einer Anstellung
in unserem Hause. Nach **eingehenden* Überlegungen***,
angesichts[2] unserer **Unterhaltung*** letzter Woche, kam
ich zu dem Entschluß, daß wir Ihnen im Moment keine
Anstellung in unseren Büros anbieten können.

Wie ich schon bei unserem letzten Treffen erwähnte,
werden wir Ihre Bewerbung zu einem späterem Zeitpunkt
berücksichtigen*, da wir regelmäßig **zusätzliches***
Personal oder Ersatzpersonal suchen.

Ich habe mich dennoch über Ihren Besuch gefreut und
über die **aussagekräftige* Darstellung*** Ihrer
Fähigkeiten*.[3]

Ich hoffe, daß diese **Entscheidung*** keine zu große
Enttäuschung* für Sie bedeutet.

Mit freundlichen Grüßen

Donald Hobson
Personalbüro

---

[1] personal, confidential
[2] **angesichts** + genitive = in view of
[3] "... and explained your capabilities so well."

a) How long did Mr. Hobson take to come to a decision about Herr
Fischer?
b) How does he try to lessen Herr Fischer's disappointment?

Übung 17

Write a letter from Colin Pattison, of Recruitment, to a candidate, Miss Foxwell, for the post of bilingual secretary;

- thank her for applying for the post.
- say that you would you would like her to come for an interview.
- mention the date and the time.
- ask her to let you know if that day or time is not suitable[1]. You will then try to arrange the interview at a day and time more convenient[2] to her.
- end by saying that you look forward to meeting her in person.

[1] ungelegen
[2] günstigeren

Personal references —
Persönliche Referenzen

Study the model letters, answer the questions and complete the exercises.

Brief 18.1

Asking for permission to give a person's name as a referee — Anfrage, ob eine Person als Referenz genannt werden darf

```
Sehr geehrter Herr Szenfeld,

ich möchte mich als Außendienstmitarbeiter bei AIROIL
LUFTTECHNIK GmbH in Kempen bewerben.  Ich wäre Ihnen
daher sehr dankbar, wenn Sie mir gestatten* würden,
Ihren Namen als Referenz nennen zu dürfen.

Da Sie mit meiner Arbeit bei BBA VERMITTLUNGS-
GESELLSCHAFT in Berlin vertraut sind, wäre ich Ihnen
dankbar, wenn Sie eine unparteiishe Einschätzung meiner
Fähigkeiten geben könnten.

Anbei sende ich Ihnen einen frankierten und
adressierten Briefumschlag für Ihre Rückantwort.

Mit freundlichen Grüßen


John Bridges.
```

a) What post is Mr. Bridges applying for?
b) Why does he think that Herr Szenfeld can give him a good reference?

Brief 18.2

Asking a referee to send a reference directly to a potential employer — Bitte die Referenz direkt an den potentiellen Arbeitgeber zu schicken

Sehr geehrter Herr Eggers,

ich bewerbe mich um den Posten der zweisprachigen Fremdsprachensekretärin bei Gleichen-Reisen GmbH in Hamburg.

Da Sie mich zur **Fortführung*** meines Studiums der deutsche Sprache in jeglicher Weise **anspornten*** und mir bei der Vorbereitung der **Abschlußprüfung*** beim Goethe Institut behilflich waren, wäre ich Ihnen sehr verbunden, wenn Sie mir ein **Empfehlungsschreiben*** ausstellen könnten.

Anbei sende ich Ihnen einen frankierten Briefumschlag, adressiert an Herrn Jansen, dem Personalleiter bei Gleichen-Reisen GmbH.

Mit freundlichen Grüßen

Philippa Goodman.

a) Why has Ms. Goodman particularly chosen Herr Eggers as a referee?
b) What does she want him to do with the recommendation?

Brief 18.3

A letter of recommendation — Referenzschreiben

Persönlich

Sehr geehrte Frau Günnewicht,

ich bin gerne bereit, Ihnen nähere Auskunft über Mary
Stevens zu geben. Diese sollten jedoch streng
vertraulich behandelt werden.

Miss Stevens fing bei uns als Lehrling an und ist seit
1989 die Sekretärin des Verkaufsleiters für den Export.
Sie war stets kompetent, **fleißig** und vertrauenswürdig.

Ich bin sicher, daß sich Miss Stevens als **vorbildliche***
Arbeitnehmerin erweisen wird, sollten Sie ihr, die von
ihr angestrebte Position anbieten.

Mit freundlichen Grüßen

Michael Stroth
Geschäftsführer

a) On what condition does Mr. Stroth agree to provide information about Mary Stevens?
b) What did she eventually become when she worked for Mr. Stroth

Übung 18

Write a letter to a German company who have asked you for a reference concerning Miss Jackson. She has applied to them for the post of assistant to the Export Manager. Mention that:

- she entered your service 5 years ago as a trainee secretary.[1]
- she continually tried to improve herself professionally by taking evening courses in secretarial practice, German and modern communications.
- a year ago, she became private secretary to the Sales Manager.
- part of her work[2] now is to deal with all overseas correspondence.[3]
- she is also responsible for arranging sales promotion meetings[4] and preparing reports and minutes.[5]
- you are persuaded that she would be the most suitable person for the post.

[1] Anfangssekretärin
[2] ein Teil ihres Aufgabengebietes
[3] die Abwicklung der Auslandskorrespondenz
[4] Werbeveranstaltungen
[5] Verfassen von Berichten und Protokollen

Sales letters — Werbebriefe

Study the model letters, answer the questions and complete the exercises.

Brief 19.1

Covering letter with literature and samples — Begleitschreiben mit Informationsmaterial und Mustern

---

Sehr geehrter Herr Weil,

anbei senden wir Ihnen Informationsmaterial und Muster unseres neuen Sortiments.

Ebenfalls* in der Anlage schicken wir Ihnen einen **Ausstellungsständer*** für Ihr Schaufenster oder Ihre Verkaufstheke, den Sie in Ihren Geschäftsräumen in Rosenberg testen können. Sie finden zusätzliches Material über Preise, **Rabatte*, Verkaufsanreize*** und **Werbematerial** in gleicher Post[1].

Wir hoffen auf ein gutes **Gelingen*** und freuen uns auf zusätzliche Aufträge in der Zukunft.

Mit freundlichen Grüßen

Frieda Jackson
Verkaufsleiterin

---

[1] under separate cover

a) What **Anlagen** should be mentioned at the bottom of the letter?
b) What other means does Ms Jackson use to promote sales?

Brief 19.2

Covering letter for an illustrated brochure presenting new products —
Begleitschreiben für eine Broschüre, die neue Produkte vorstellt

Sehr geehrter Herr Adler,

mit Bezug auf Ihren Anruf letzter Woche, schicke ich
Ihnen unsere illustrierte Broschüre über unsere
Mikrowellenherd-Reihe mit 10 **Kochgeschwindigkeiten***,
Sensorbedienung*, automatisch reinigendem **Drehteller***
und speziellen Bräunungszusatz.

Für 19.. haben wir bei der populären >>Speedy<< Reihe
folgende neuen Farben vorgestellt: weiß, klar-blau,
metallic-grau und rot. Die in der Broschüre
vorgestellten Herde sind nur ein Teil dessen, was
unsere Kunden als die größte Auswahl an Mikrowellen-
herde in einem einzigen Katalog bezeichnen.

Alle Herde sind von Markenherstellern[1], die für ihre
strenge Qualitätskontrolle landesweit bekannt sind.

Mit der **Zusicherung*** unseres **uneingeschränkten***
Kundendienstes und unserer persönlichen **Betreuung***
verbleibe ich

mit freundlichen Grüßen

Horst Dehnen
Vizepräsident

[1] high grade manufacturers

a) What are the special charateristics of these micro-wave ovens?
b) How does Herr Dehnen try to convince his customer that his
   products are the best?

Brief 19.3

Announcing the purchase of a new company -- Bekanntgabe einer Geschäftsübernahme

Sehr geehrte Herren,

wir haben das Vergnügen Ihnen **bekanntzugeben***, daß wir die Geschäfte von Chunnel Travel in Ramsgate **übernommen*** haben.

Weder der Name noch die Politik der Firma[1], die sich in der Vergangenheit als sehr erfolgreich erwiesen hat[2], werden geändert. Wir werden in der Tat[3] alle notwendigen Mittel anstrengen, um die Tradition eines **tadellosen*** Kundenservices **aufrechtzuerhalten***, für den die früheren Besitzer wohl bekannt waren.

Als Inhaber von Dover Travel sind wir mit der Urlaubsindustrie wohl bekannt und haben außerdem **ausreichende*** Mittel, um die Geschäfte dieser neu **erworbenen*** Firma auf einer gesunden Basis **fortzuführen***.

Wir hoffen, daß wir bald die **Gelegenheit*** haben, Sie von unserem nach wie vor **zuverlässigen*** Service zu **überzeugen***.[4]

Mit freundlichen Grüßen

John Carrington
Direktor

---

[1] Neither the name, nor the......
[2] has been proved
[3] indeed
[4] how we can convince you

a) What was the previous owner well known for?
b) What is the writer's present position?

Übung 19

Write a letter from an agent informing a company that they are about to open an agency for high pressure cleaning pumps[1]. Tell them that:

- your connections[2] with the leading manufacturers[3] allow you to offer goods at competitive prices.[4]
- in addition, your Hamburg office is organised to locate and supply goods that are not available on the German market.
- they should not hesitate[5] to place a trial order[6] by sending the attached form.[7]
- you give a reduction of 15% on all orders received before the end of the year.

[1] Dampfstrahlreiniger
[2] Beziehungen
[3] Hersteller
[4] günstigen Bedingungen
[5] Zögern Sie nicht...
[6] Probeauftrag
[7] Broschüre beigelegten Bestellformular

Hotel reservations —
Hotelreservierungen

Study the model letters, answer the questions and complete the exercises.

Brief 20.1

Bookings (1) — Buchungen (1)

Sehr geehrte Herren,

bitte reservieren Sie ein Einzelzimmer für unseren
Verkaufsleiter für den 7., 8. und 9. März.

Er wird am 7. März um ca. 17.00 Uhr ankommen und am 9.
März vormittags wieder abreisen.

Ich wäre Ihnen für eine Zimmerreservierung auf der
Rückseite Ihres Hotels sehr dankbar.

Mit freundlichen Grüßen

Phylis Philips
Sekretärin

i.A.[1] Dieter Büsser Direktor

---

[1] **im Auftrag** = on behalf of

a) How long will the sales manager be staying at the hotel
b) Where in the hotel would he like his room?

Brief 20.2

Bookings (2) — Buchungen (2)

Sehr geehrte Herren,

da unser Export-Verkaufsleiter im Juli in Paris die
Möbel- und Textilmesse besuchen wird, **benötigt*** er eine
kleine Suite sowie ein Konferenzzimmer. Für seine
Sekretärin wird ein Einzelzimmer auf der gleichen Etage
benötigt.

Wir wären Ihnen sehr dankbar für die umgehende[1]
Bestätigung der Reservierung vom 12. - 16. Juli
einschließlich[2]. Bitte lassen Sie uns auch
Informationen über Ihre Preise zukommen.

Mit freundlichen Grüßen

Mary Wright
i.A. J. Knight
Verkaufsleiter

---

[1] by return
[2] inclusive

a) What kind of accommodation does the Sales Manager require?
b) What information has Ms Wright asked for?

Brief 20.3

Confirming a reservation — Bestätigung einer Buchung

```
Sehr geehrter Herr Brücke,

hiermit bestätige ich Ihre Reservierung eines
Einzelzimmers mit Bad für den 12. - 15. Juli. Das
Zimmer steht Ihnen am 12. Juli nach 12.30 Uhr zur
Verfügung¹.

Da Sie mit dem Flugzeug anreisen werden, möchten Sie
möglicherweise* von unserem Busservice Gebrauch machen.

Unser Minibus verläßt Terminal 3 alle 30 Minuten nach
jeder vollen Stunde². Dieser Service ist für Gäste des
Hotels kostenlos.

Mit freundlichen Grüßen


Jill Evans
Direktorin
```

¹ available, at one's disposal
² every hour on the half hour

a) What kind of accommodation has been reserved?
b) How can Herr Brücke get from the airport to the hotel?

Übung 20

Write a letter to the manager of a hotel in London to say that you and five colleagues will be coming to the city from 1st March to 6th April. Inform him that you would:

- like to book 2 single rooms and 2 double rooms with showers for six nights.
- like breakfast in your rooms but will take dinner in the main dining room in the evenings.
- appreciate it if you could have the same room at the back of the hotel as you had last year as the rooms overlooking the street[1] are rather noisy.
- say also that your group will arrive at Heathrow at about 11 a.m.
- but as you have meetings until the early evening, you will probably check[2] in just in time for dinner at about 7 p.m.
- end by saying that you look forward to an early confirmation[3] so that you can complete arrangements[4] for the visit.

[1] **zur Straße**
[2] **eintreffen**
[3] **baldige Buchungsbestätigung**
[4] **Vorbereitungen**

PART THREE
RECALL EXERCISES

Recall exercises

Complete the following by using ONE word only in each space:

UNIT 1 — Requests

Brief 1.1

Sehr geehrte Herren, vielen Dank für die Zusendung Ihre Broschüre. Wir interessieren uns ...... für Ihre neuen Produkte der Weedolex .... Wir wären Ihnen sehr ...... für die Sendung ...... Informationen über diese Produkt reihe.
Mit ...., Karl Rauch, Einkaufsleiter.

UNIT 2 — Acknowledgement

Brief 2.1

Sehr geehrter Herr Müller, mit ...... auf Ihre ...... senden wir Ihnen in der ...... eine illustrierte ...... über unsere SELTEK - Reihe. Wir hoffen, ... von Ihnen zu hören. Mit ......
Grüßen, Kurt Lemke.

UNIT 3 — Placing orders

Brief 3.1

Sehr ...... Herr von Massenbach, nach ...... Ihrer Broschüre über ...... Kreissägen bestellen wir ...... : 100 Code Nr.: 900 54000 Durchmesser Stärke 230 mm, Schneidstärke 2.2 mm. Wir hoffen, ... unsere beiden ...... auch in ...... gut zusammenarbeiten werden. Mit freundlichen ......, Dr. Kramer, ...

UNIT 4 — Dealing with orders

Brief 4.1

Sehr ...... Herren, vielen ...... für Ihre ...... Nr.: 321/4-9 über: 200 kg Kenia 1 usw. Die Waren ...... heute per ...... verschickt. Mit freundlichen ......, Hans Cremer, Verkaufsdirektor.

UNIT 5 — Packing and transport

Brief 5.1

Sehr ...... Herren, ... unserer ...... Nr.: 867/342 vom 5. Februar dürfen wir Sie ...... hinweisen, daß die 20 Dreifachspiegel 140 - EQUINOX 8490 mit Zubehör, ... Beleuchtung, ... und ...... an unsere Ulmer Branche geliefert werden. Die andere Lieferung, Auftrag Nr.: 867/343, sollte ...... an unser ...... in Stuttgart geliefert werden. Die ...... sollten in ...... verpackt und mit Metallriemen verschnürt sein. In ...... weiterer ......, die wir ...... mit größster ...... ausführen werden, verbleiben wir mit freundlichen Grüßen, Bruno Dietz, Direktor.

UNIT 6 — Confirmation of delivery

Brief 6.1

Sehr ...... Herr Lemke, Ihre ...... der oben ...... Artikel ist in ...... Zustand bei uns eingetroffen. Sollten Ihre Sonnenpflegeprodukte bei unseren ......, wie wir hoffen, gut ankommen, werden wir gerne eine größere ...... in ...... geben. Mit freundlichen ......, Horst Sauer, Direktor.

UNIT 7 — Complaints

Brief 7.1

Sehr ...... Herr Jägersberger, die ...... unseres Auftrags Nr. 143/2A ist ...... eingetroffen. ......
müssen wir Ihnen mitteilen, daß die Badezimmerschränke nicht den üblichen ......
entsprechen. Bitte veranlaßen Sie eine ...... der betreffenden .... Wir ...... auf eine ......
Bearbeitung und verbleiben mit ...... Grüßen, Max Kohr, Consilium Agentur.

UNIT 8 — Replies to complaints

Brief 8.1

Sehr geehrter Herr Dalgleish, vielen Dank für Ihr ...... vom 3. März, in dem Sie uns über
die ...... einiger Weingläser informierten. Bei einer ...... in unserer ...... stellte sich heraus,
daß die ...... Ware bei einem Sturm letzte Woche beschädigt wurde. Sie können ......
versichert sein, daß Ihr Auftrag ...... bearbeitet wird. Wir bedauern ...... die Ihnen ......
entstandenen .... Mit freundlichen Grüßen, Klaus-Dieter von Mulert.

UNIT 9 — Complaints and replies about payment

Brief 9.1

Sehr geehrte Herren, dürfen wir Sie auf unsere ...... vom 4. März ...... machen. Da für die
...... beiden ...... bisher keine ...... erfolgte, wären wir Ihnen für eine baldige ...... der ...... sehr
verbunden. ...... ist diese ...... auf ein ...... in Ihrer ...... zurückzufuhren. Wir hoffen ......
Regelung dieser ...... und verbleiben mit freundlichen Grüßen, Dr Schrader.

UNIT 10 — Status enquiries

Brief 10.1

Sehr geehrte Herren, wir haben ...... einen ...... Auftrag von einer Firma erhalten, ...
Namen auf beiliegendem ...... steht. Wären Sie bereit, uns ...... Informationen ...... diese
Firma .... Wir wären ...... daran interessiert zu erfahren, ... die ...... Firma finanziell ......
ist und ihr Waren ...... Kredit in Höhe von 50.000, -DM bewilligt werden könnte. Wir
versichern Ihnen, daß alle uns gegebenen ...... streng ...... behandelt werden. Mit
freundlichen Grüßen, J D Philips, Direktor.

UNIT 11 — Cancellations and alterations

Brief 11.1

Sehr geehrter Dr. Weichardt, wir bedauern Ihnen mitteilen zu müssen, daß sich in unserer
...... Nr.: A/1473, vom 5. Oktober diesen ...... ein ...... eingeschlichen hat. ......
Sammelbehälter für 200 Computerdisketten sollte es Sammelbehälter für 100
Audiokassetten .... Wir bitten Sie, den ...... Fehler zu entschuldigen. Mit freundlichen
Grüßen, Walter Schülter.

UNIT 12 — Introducing a new salesperson

Brief 12.1

Sehr geehrter Herr Bankson, wir haben das ......, den Besuch unseres neuen......, Manfred
Kottenhahn, in Shoreham ankündigen zu dürfen. Er wird eine ...... Auswahl unserer
neuesten ...... mitbringen. Er wird Sie im ...... der nächsten Woche besuchen. Ich bin ......,
daß Sie Herrn Kottenhahns ...... und ...... Art sowie seine ...... Qualitäten schätzen werden.
Ich hoffe, Sie werden ihn in Shoreham herzlich aufnehmen und ihm einige ...... erteilen,
die wir ...... und ...... ausführen werden. Mit freundlichen Grüßen, Helmut Bresser.

UNIT 13 — Insurance

Letter 13.1 — Thanking a client for a proposal form

Sehr geehrte Herren, vielen Dank für Ihr Schreiben vom 12. Juli, dem Sie ein
Antragsformular .... Ihre Versicherungspolice wird ...... Zeit von uns ...... und Ihnen im

Laufe des Monats zugeschickt. In ...... Zwischenzeit sind Sie selbstverstandlich ...... Bitte ...... Sie der Anlage den vorläufigen Versicherungsschein. Mit freundlichen Grüßen

UNIT 14 — Agencies

Letter 14.1 — Offering an agency

Sehr geehrte Herren, wir haben in der ...... eine große Quantität von Konfitüre in verschiedenen ...... von Deutschland verkauft und sind nun daran interessiert, eine ...... zu beauftragen, unseren Marktanteil zu vergrößern. Bei den ...... Produkten handelt es sich um eine ...... von Konfitüren und Honig. Sie wurden uns von Dietmar Hellermann GmbH in Düsseldorf ......, und wir würden Ihnen deshalb gerne die Alleinvertretung für Schleswig-Holstein ...... Alle ...... würden genau nach Ihnen zusammengestellt werden, da wir nur mit dem ...... der Kunden im Nordosten des Landes ...... sind, und wir wissen, daß die Anforderungen von Gebiet zu Gebiet ...... Anbei senden wir Ihnen unsere Preisliste, die Ihnen einen ...... über unser Sortiment vermittelt. Wir sind uns über die ...... eines neuen Produktes voll bewußt und sind daher bereit, Ihnen 15% Kommission ...... alle Netto-Verkäufe einzuräumen.

Wir sind sicher, daß diese Verbindung für beide Seiten ...... sein wird und hoffen, daß Sie unser Angebot ...... werden. Für eine ...... Antwort wären wir Ihnen sehr verbunden, um Ihnen rechtzeitig unser Einführungsangebot ...... zu können. Mit freundlichen Grüßen

UNIT 15 — Overseas payments

Letter 15.1 — Reply to a large order requesting to pay by credit

Sehr geehrte Herren, vielen Dank für Ihre ...... bezüglich unseres Gerätesortiments ...... Feuerbekämpfung. Wir exportieren unsere Ausrüstung weltweit ...... Firmen wie ...... Ihrige. Gegen einen Kreditbrief, ... von einer renomierten internationalen Bank, wären wir gerne bereit auch einen größeren Auftrag zu ...... Wir erwarten Ihren Kreditbrief zur gegebenen Zeit, um Ihre Bestellung ...... dem üblichen Wege zu ...... Mit freundlichen Grüßen

UNIT 16 — Job applications

Letter 16.1 — Applying for a post (1)

Sehr geehrte Herren, hiermit ...... ich mich auf Ihre ...... in der »Times« vom Montag den 5. Oktober 199.. , für die ausgeschriebene ...... einer zweisprachigen Sekretärin bei ARCOM Ltd. Aus meinem beiliegenden Lebenslauf erfahren Sie ...... über meine berufliche Laufbahn sowie über meine Qualifikationen, die ...... Kürze wie folgt ......: Ich beendete meine schulische Laufbahn 1982 mit einem B.A. und habe seitdem erfolgreich Kurse in Deutsch und Französisch ...... Die letzten sechs Jahre war ich in der Exportabteilung von Selby Ltd. ......, wo ich unter anderem ...... für die Auslandskorrespondenz war. Während dieser Zeit habe ich erfolgreich ein neues Ablagesystem ...... und den gesamten Büroablauf modernisiert. Nachdem ich auf diesem ...... nun seit einigen Jahren gearbeitet habe, ... ich eine verantwortungsvollere Tätigkeit an. Über ein ...... würde ich mich sehr freuen. Mit freundlichen Grüßen einer Chefsekretärin bestens vertraut und werde Ihren Erwartungen ...... Anbei sende ich Ihnen meinen Lebenslauf und stehe Ihnen jederzeit zu einem persönlichen ...... zur Verfügung. Ich bin jederzeit ...... meinen Anrufbeantworter ...... der Nummer 01-6719860 zu erreichen. Mit freundlichen Grüßen

UNIT 17 — Replies to job applications

Letter 17.1 — Calling an applicant for an interview

Sehr geehrtes Fräulein Billings, vielen Dank für Ihre ...... als Sekretärin. Ich möchte Sie nächsten Mittwoch den 13. März um 14.30 Uhr zu einem ...... bitten. Sollte dieser Termin Ihnen ...... sein, wenden Sie sich bitte an meine Sekretärin ...... Vereinbarung eines beiderseits akzeptablen Termins. Mit freundlichen Grüßen

UNIT 18 — Personal references

Letter 18.1 — Asking for permission to give a person's name as a referee

Sehr geehrter Herr Szenfeld, ich möchte ...... als Außendienstmitarbeiter bei AIROIL LUFTTECHNIK GmbH in Kempen .... Ich wäre Ihnen ...... sehr dankbar, wenn Sie mir ...... würden, Ihren Namen als Referenz nennen zu dürfen. Da Sie mit meiner ...... bei BBA VERMITTLUNGS-GESELLSCHAFT in Berlin vertraut sind, wäre ich Ihnen dankbar, wenn Sie eine unparteiishe ...... meiner Fähigkeiten geben könnten. Anbei sende ich Ihnen einen frankierten und adressierten ...... für Ihre .... Mit freundlichen Grüßen

UNIT 19 — Sales letters

Letter 19.1 — Covering letter with literature and samples

Sehr geehrter Herr Weil, anbei senden wir Ihnen Informationsmaterial und Muster unseres neuen Sortiments. Ebenfalls in der Anlage schicken wir Ihnen einen ...... für Ihr Schaufenster oder Ihre Verkaufstheke, den Sie in Ihren Geschäftsräumen in Rosenberg ...... können. Sie finden zusätzliches Material ...... Preise, ..., Verkaufsanreize und Werbematerial in gleicher Post. Wir hoffen auf ein gutes Gelingen und freuen uns auf zusätzliche ...... in der Zukunft. Mit freundlichen Grüßen

UNIT 20 — Hotel reservations

Letter 20.1 — Bookings (1)

Sehr geehrte Herren, bitte ...... Sie ein Einzelzimmer für unseren Verkaufsleiter ...... den 7., 8. und 9. März. Er wird am 7. März um ca. 17.00 Uhr ankommen und am 9. März vormittags wieder .... Ich wäre Ihnen für eine .... der Rückseite Ihres Hotels sehr dankbar. Mit freundlichen Grüßen

Key

Appendix 1
Key to the letters and exercises.

Brief 1.1

Dear Sir, We acknowledge reception of your brochure presenting the new items in your Weedolex range. We would be very grateful if you would let us have further details of your products. Yours faithfully, Karl Rauch.

a) He sent him a brochure.
b) He wants him to send him further details of his products.

Brief 1.2

Dear Mr Samusch, We have been particularly attracted by your steering wheel locks model X3/27 on page 43 of your brochure. Could you possibly let us know if you are in a position to deliver direct? Yours sincerely, Uwe Augenreich.

a) He found out about it from the brochure.
b) To ask if the company can deliver direct from the factory.
c) Yes, because of the familiar greeting, "Sehr geehrte Herr Samusch".

Brief 1.3

Dear Sirs, We were very interested to receive your letter of 8th June announcing the launching of your new hydraulic jacks. Could you possibly send us the address of the distributor for our area? Yours faithfully, F. Britschgi.

a) The purpose was to give information about the launching of a new product.
b) No, he wants to buy from a local dealer.

Brief 1.4

Dear Sirs, We would like to add your special range of coats to our silk and woolen business. We would be grateful if you would send us your current price list and let us know your conditions for delivery overseas. Yours faithfully, Waltraud Schmidt, Overseas Sales Manager.

a) By including a special range of coats.
b) A current price list and the conditions for delivery overseas.
c) She is the Manager in charge of overseas sales.

Drills

1)
a) Ich interessiere mich besonders für Ihre neuen Einführungsangebote.
b) Wir interessieren uns besonders für Ihre neuen Haushaltswaren.
c) Ich interessiere mich besonders für Ihre neuen Entwürfe.
d) Unsere Kunden interessieren sich besonders für Ihr neues Ablage-system.

2)
a) Für die Sendung Ihres Briefes vom 9.3.9.., in dem Sie Ihren neuen Kontoauszug vorstellen, bin ich Ihnen sehr dankbar.

b) Für die Sendung Ihrer Broschüre vom 23.6.9.., in dem Sie Ihre neu Preisliste vorstellen, ist Ihnen Herr Traube sehr dankbar.

c) Für die Sendung Ihres Informationsbriefes vom 7.8.9.., in dem Sie Ihre neuen Sonderangebote vorstellen, sind wir Ihnen sehr dankbar.

3)

a) Bei Durchsicht Ihreres Rundschreibens gefiel uns besonders der Werkzeugkasten auf Seite 54.

b) Bei Durchsicht Ihres Prospekts gefielen uns besonders die Kleider auf Seite 72.

c) Bei Durchsicht Ihrer Preisliste gefielen uns besonders die Preisänderungen auf Seite 44.

d) Bei Durchsicht Ihrer Broschüre gefiel Herrn Baum besoners das neue Besteck-Sortiment auf Seite 67.

Übung 1.1

Sehr geehrte Herren, wir interessieren uns besonders für Ihre neuen Produkte der beschichteten Aluminium Fernsterrahmen-Reihe. Wir wären Ihnen sehr dankbar, wenn Sie uns Ihre neuste Preisliste und Ihre Fernsterrahmen im Ausland und nach Übersee zukommen lassen könnten. Könnten Sie uns bitte auch mitteilen, ob wir diesen Artikel per Direktlieferung erhalten können? Mit freundlichen Grüßen, Rolf Kupper, Verkaufsleiter Ausland.

Übung 1.2

Sehr geehrte Herren, für die Sendung ausführlicher Informationen über diese Produktreihe wären wir Ihnen sehr dankbar. Wir würden es sehr begrüssen, wenn Sie uns Ihre neuste Preisliste und Lieferbedingungen im Ausland und nach Übersee zukommen lassen könnten. Mit freundlichen Grüßen, Wilhelm Gadomski.

Übung 1.3

Sehr geehrte Herr Bloch, vielen Dank für Ihren Brief vom 6.7.9.... Bei Durchsicht Ihrer Broschüre gefielen uns besonders die Küchenanbaumöbel auf Seite 61. Wir wären Ihnen sehr dankbar, wenn Sie uns Ihre neueste Preisliste sowie Name und Adresse eines Lieferanten in userem Raum mitteilen könnten. Mit freundlichen Grüßen, Franz Berger.

Unit 2

Brief 2.1

Dear Mr Müller, Following your request, please find enclosed an illustrated folder presenting our SELTAK range. In anticipation of receiving your order, we remain, Yours sincerely,

a) Rolf Müller.

b) An illustrated folder.

Brief 2.2

Dear Mr Hegner, With reference to your enquiry of 25th January, 19—, we have pleasure in sending you our latest catalogue. We are quite willing to send you all further supplementary information. We thank you for your interest, Yours sincerely,

a) He asked for a catalogue.

b) Yes, from the familiar greeting, **Sehr geehrter Herr Hegner**.

c) He's the Export Manager.

Brief 2.3

Dear Mrs Klippel, We thank you very much for your interest in our Purtex range - aluminium trays for bulk catering and frozen food - A1 and A5. Our representative will supply you with all supplementary information and will advise you on the types that will suit your particular requirements. Yours sincerely, Frank Dreimeyer, Manager.

a) Aluminium dishes or trays.
b) A pre-cooked frozen food business.
c) Because he is sending a representative.

Brief 2.4

Dear Mr Reitz, We have received your letter of 10th August in which you give us details of your range of bottles, boxes and wide necked containers for the packaging of food products, medicines and toileteries. Please find enclosed our latest catalogue as well as a list of prices currently in force. We hope that you will order the articles referred to and while waiting for your reply, we remain, Yours sincerely, Frank Priefert, Director.

a) It requested details of the company's products.
b) Containers for food, medicine and toileteries.
c) Their current price list.
d) Anlage

Drills

1)
a) Auf Ihre Anfrage vom 6 März sende ich Ihnen meinen neuesten Katalog.
b) Mit Bezug auf Ihre Anfrage vom 9 Februar sende ich Ihnen eine Lieferung.
c) Auf Anfrage meines Kunden vom 8 Juni senden wir Ihnen eine Proformarechnung.
d) Mit Bezug auf die Anfrage unserer Kunden sende ich Ihnen weitere Informationen.

2)
a) Ich bedanke mich für Ihre Anfrage und schicke Ihnen gerne eine illustrierte Informationsmappe.
b) Dr. Rauch bedankt sich für Ihren Besuch und schickt Ihnen gerne seine aktuellen Frachtgebühren.
c) Die Architekten bedanken sich für Ihren Brief und schicken Ihnen gerne ihren Entwurfsvorschlag.
d) Wir bedanken uns für Ihr Schreiben und schicken Ihnen gerne unseren letzten Befund.

3)
a) Bitte entnehmen Sie der Anlage weitere Informationen sowie die dazugehörige Liste.
b) Bitte entnehmen Sie der Anlage die Baugenehmigung sowie unsere neuste Preisliste.
c) Bitte entnehmen Sie der Anlage ausführliche Informationen sowie unsere Lieferbedingungen.
d) Bitte entnehmen Sie der Anlage eine Broschüre sowie unsere aktuelle Informationsmappe.

Übung 2.1

Sehr geehrte Herren, bezugnehmend auf Ihre Anfrage vom 25. Januar senden wir Ihnen unseren neusten Katalog. Unser Außendienstmitarbeiter steht Ihnen jederzeit für weitere Informationen zur Verfügung und berät Sie gerne bei der richtigen Wahl für Ihrer speziellen Wünsche. Mit freundlichen Grüßen, Volker Kleinkirchen, Direktor.

Übung 2.2

Sehr geehrte Frau Schmidt, vielen Dank für Ihr Interesse an unsere Spaß und Spiel - Reihe, Zapf-Kinderhaus, Aufstellmaße: B70xH100xT105 cm. Wir erwarten Ihre baldige Bestellung der betreffenden Artikel. Mit freundlichen Grüßen, Jansen GmbH, Alfons Jarrold, Geschäftsführer.

Übung 2.3

Sehr geehrter Herr Kalmàn, mit Bezug auf Ihre Anfrage senden wir Ihnen in der Anlage unseren neusten Katalog sowie unsere aktuelle Preisliste. Wir bedanken uns für Ihr Interesse und schicken Ihnen gerne weitere Informationen. Mit freundlichen Grüßen, Dr. Scheffer, Direktor.

Unit 3

Brief 3.1

Dear Herr von Massenbach, After having examined your brochure presenting your water cooled circular saws, we would like to place an order for: 100 Code No: 900 54000 diameter thickness 230 mm, cutting thickness 2.2 mm (etc). Hoping that this will mark the beginning of a continuing relationship between our two companies, we remain, Yours Dr. Kramer, Export Manager.

a) Water cooled circular saws.
b) The export manager
c) Because the order was from Austria (**Österreich**).
d) Because Dr Kramer hopes that the two companies will work together in the future.

Brief 3.2

Dear Mr Reinheimer, After having examined the catalogue that you recently sent us, we have pleasure in sending you herewith an order for trouser skirts, length 95 cm, on a straight belt mounting with slide and buttons. 50 maroon, sizes... 50 black, sizes... Please send the shipment by air. Yours sincerely,. Philip Dierssen, Chief Buyer.

a) By the familiar salutation.
b) Yes, he wants it sent by air.

Brief 3.3

Dear Mr. Küffner, We have received your letter of 5th of December. We now have pleasure of sending you the enclosed order for 30 pairs of stepladders with top platforms, aluminium steps and a safety strap in the open position. Reference:... 10 Height 85cm/4 steps/3 kg etc. Please arrange delivery by train. Yours sincerely, Gustav Schlüter, Manager.

a) A hardware shop.
b) To the railway station.

Brief 3.4

Dear Herr Hestermann, Following our telephone conversation of 10th May last, we are ordering : 15 non-return valves, 10 automatic regulator taps - DN 10-250 , series 6000-4500. Please send the goods by normal cargo service. Hoping that you will expedite the order with your usual care, we remain, Yours sincerely, Dieter Schulte.

a) He had a telephone conversation with the supplier.
b) By the normal cargo service.

c) Because he uses the phrase **mit der üblichen Sorgfalt**.

Drills

1)
a) Nach Einsicht Ihrers Rundschreibens über Wendebettwäsche bestelle ich 100 Doppelpackungen (2 Bezüge, 2 Kissen).
b) Nach Einsicht Ihrers Prospekts über Stereo-Radiorecorder bestellen wir 20 l,,Weltempfänger RK 661".
c) Nach Einsicht Ihres Informationsbriefes über Personenwaagen bestellen unsere Kunden 25-36 E 405 weiß und 25-38 H 093 braun.
d) Nach Einsicht Ihrer Preisliste über das Maniküre-Pediküre-Set bestelle ich 30 Packungen „Nagel-Neu" 37 C 514.

2)
a) Nach Einsicht Ihres Rundschreibens das Herr Braun mir kürzlich zusandte, bestelle ich 25 Schachteln 150 ml Pflegelotion zum Preis von 39.- DM.
b) Nach Einsicht Ihres Prospekts, das Sie der Geschäftsleiterin kürzlich zusandten, bestellt sie 50 Pakete Gesichtshaarentferner-Set, zum Preis von 19.50- DM.
c) Nach Einsicht Ihres Informationsbriefes, den Fräulein Schmidt Ms Jackson kürzlich zusandte, bestellt sie 50 Kartons 200 ml Langhaar- Aktivkonzentrat zum Preis von 17.95.- DM.
d) Nach Einsicht Ihrer Preisliste, die Sie uns kürzlich zusandten, bestellen wir 30 Kisten 250 ml Schönheitsbad zum Preis von 36.- DM.

3)
a) Hiermit bestelle ich eine komplette Polstergruppe, 3-teilig, Sessel, Zweisizter und Dreisitzer 99 C 025 grau, zum Preis von 2998.- DM.
b) Hiermit bestellt Herr Posselt 10 Raumsparbetten (mit Kopfteil, in Automatik-Ausführung und Liegefläche) B75xL202 cm zum Preis von 249.- DM.
c) Hiermit bestellen wir 25 Wandspiegel mit aufwendig verspiegeltem Holzrahmen und goldfarbener Verzierung. Maße: B80xH80 cm zum Preis von 659.- DM.
d) Hiermit bestellt unser Kunde 50 handbemalte Blumensäulen aus Keramik. Höhe 70 cm.

Übung 3.1

Sehr geehrte Herren, nach Einsicht Ihres Katalogs, den Sie uns kürzlich zusandten, bestellen wir hiermit 100 CX-142/2 Zündkerzen. Bitte veranlaßen Sie die Lieferung per Bahn. Mit freundlichen Grüßen, Hans Spiedel.

Übung 3.2

Sehr geehrter Herr Walter, mit Bezug auf unser Telefongespräch vom 9 April bestellen wir: 100 Spritzen, Maße 23/98A. Bitte veranlaßen Sie die Lieferung per Bahn. Wir hoffen, daß die Bestellung mit der üblichen Sorgfalt versandt wird. Mit freundlichen Grüßen, F. Farnschläder. Verkaufsleiter.

Übung 3.3

Sehr geehrter Herr Noack, vielen Dank für Ihr Schreiben vom 5. Juni. Nach Einsicht Ihres Katalogs bestelle ich 200 Dichtungsringe, Maße: 234/X42. Bitte veranlaßen Sie die Lieferung per Luftfracht. Mit freundlichen Grüßen, K. Morrel, Einkaufsleiter.

Unit 4

Brief 4.1

Dear Sirs, We thank you for your order No: 321/4-9, for:- 200 kilos of Kenya 1 (coffee) quality No: 493 @ 100 FR a kilo etc. The goods will be sent today by rail. Yours faithfully, Sales Director.

a) A chain of grocers or delicatessens.
b) The same day.

Brief 4.2

Dear Mr Hulse, We thank you for your order of 4th November. We will let you know the exact delivery date later on. We thank you once more for your order, Yours sincerely, Sales Manager.

a) An order.
b) To let him know the exact delivery date.

Brief 4.3

Dear Mr Glootz, I have pleasure in acknowledging receipt of your order of the 15th May regarding: the aluminium sheeting, the polyethylene laminate, the cardboard folders. We have all the articles in stock and everything should be ready for shipment next week. Yours sincerely, Sales Manager.

a) On the 15th May.
b) During the course of the following week.

Brief 4.4

Dear Mrs Schneider, We are happy to inform you that your order No: 264/3613 of 6th June is in hand. The packets will arrive during the course of the month. We would be grateful if you would inform us know when the goods arrive. Hoping that this arrangement is acceptable, we remain, Yours sincerely, Export Department.

a) During the course of the month.
b) He wants her to let him know when the goods arrive.

Drills

1)
a) Hiermit bestätige ich Ihre Bestellung vom 20. Juni über: 1 Segelinsel-Set mit 2 Paddeln aus PVC-Material, aufblasbar, 99.50.- DM
b) Hiermit bestätigt Herr Küpper Ihre Bestellung vom 24. Februar über: 12 - Kutschen mit Polster 92 E 24, 569.- DM.
c) Hiermit bestätigen wir Ihre Bestellung vom 4. Januar über: 10 sprinzfreie Duschfaltkabinen (Transparent), eisblau 23 G203 438, 49.50.- DM.
d) Hiermit bestätige ich Ihre Bestellung vom 30. März über: 10 - Doppelpackungen (2 Bett-, 2 Kissenbezüge) Damast, rosa, 24 H 630 501, 149.90.- DM.

2)
a) Die Lieferung wird morgen mit dem üblichen Cargo-Service verschickt.
b) Die Möbelgruppen werden nächste Woche per Seefracht verschickt.
c) Die Bestellung wird vor Ablauf des Monats per Luftfracht verschickt.
d) Die Stereo-Anlagen mit CD-Spieler, Fernbedienung und Boxen werden heute per Bahn verschickt.

3)

a) Ich habe den Hifi-Turm auf Lager und habe Ihre Bestellung vor Ablauf der Woche versandtbereit.

b) Frau Klein hat die Teenoberbekleidung auf Lager und hat Ihre Bestellung morgen versandtbereit.

c) Wir haben die Philips 2-Schritt-System Elektrorasierer 908 auf Lager und haben Ihre Bestellung vor Abnlauf des Monats versandtbereit.

d) Herr Meyer hat die Hockerleuchten mit Uhr auf Lager und hat Ihre Bestellung übermorgen versandtbereit.

Übung 4.1

Sehr geehrte Herren, vielen Dank für Ihre Bestellung Nr.: 43/A-1 über:-
500 Schlafdecken - Velours aus 100% Baumwolle und 1000 Kissen mit 4 Rüschenvolants und Füllung, 100% Polyester. Wir haben alle gewünschten Artikel auf Lager und haben Ihre Bestellung nächste Woche versandtbereit. Die Waren werden per Bahn verschickt. Bitte lassen Sie uns wissen, wann die Lieferung bei Ihnen eintrifft. Wir hoffen, alles zu Ihrer Zufriedenheit abgewickelt zu haben. Mit freundlichen Grüßen, Wolfgang Beyer.

Übung 4.2

Sehr geehrte Frau Wittman, hiermit teilen wir Ihnen mit, daß Ihr Auftrag Nr. 54-0A1 vom 3. Juni in Bearbeitung ist. Die Pakete werden heute per Bahn verschickt und werden Sie vor Ablauf der Woche erreichen. Mit freundlichen Grüßen, Hans Schulenberg, Verkaufsleiter.

Übung 4.3

Sehr geehrte Herren, hiermit bestätigen wir Ihre Bestellung vom 12. September über 10 Sitzbezug-Sets, 6-teilig „Zebra" im Safari-Look und 20 Stereo-Auto-Lautspecher-Sets, 450 Watt 3-Weg-Komponenten-System. Die Waren werden per üblichem Cargo-Service verschickt. Wir bedanken uns nochmals für Ihre Bestellung. Mit freundlichen Grüßen, B. D. Dockweiler, Direktor.

Unit 5

Brief 5.1

Dear Sir, Following our order No: A/9753 of 5th February, we have to point out that the 20 sets of triple mirrors 140 - EUVINOXE 8490 must be delivered with accessories, internal lighting, plugs and switches to our Ulm branch. On the other hand, order No: 867/343 must be sent to our warehouse in Stuttgart. The mirrors should be in bales covered in sacking with metal strapping. In expectation of your future orders to which we shall always give the greatest care, we remain, Yours faithfully, Bruno Dietz.

a) It's from a client.

b) A adjustable mirror with three parts.

c) To the branch in Ulm.

d) In sacking bales with metal strapping.

Brief 5.2

Dear Mr Blaschke, We have received your letter of 5th January. The goods will be sent to your depôt in Munich according to your instructions as soon as possible. All the containers are clearly marked with the accepted international sign - "Fragile" and "This side up". We thank you for your order and remain, Yours sincerely, Harald Hansch, Export Manager, Cromar Ltd.

a) A supplier.
b) The Export Manager.
c) To the Munich depôt.
d) The containers carry the international marking for "Fragile" and "This side up".

Brief 5.3

Dear Sirs, Following your letter of 8th August, the following are the details concerning the shipment of our order No: A/765. Each article must be packed in special cases to avoid all risk of damage during transport. Please deliver the goods to our shipper's warehouse and send the bill in duplicate. Gottfried Nießing, Shipping Department.

a) A client.
b) The letter requested details of delivery requirements.
c) He will send them on to Herr Nießing's shipper.

Brief 5.4

Dear Madam (No English plural equivalent), As you requested in your letter of 8th March, we are sending you 20 50 kg cases of "Bratwurst by refrigerated container to Dover from the port of Bremehaven. We hope that they will arrive quickly and in good condition, that you will be satisfied with the quality of our products and that we shall have the chance to do business with you again. Yours faithfully, Klaus Rathgeber.

a) It placed the order.
b) By his closing remarks.

Drills

1)
a) Bezüglich meiner Bestellung vom 9. Okt. darf ich Sie darauf hinweisen, daß die 10 Kühlschränke an mein Berliner Lagerhaus geliefert werden sollen.
b) Bezüglich Ihrer Bestellung vom 5. Dez. darf Herr Block Sie darauf hinweisen, daß die 20 Waschmaschinen an sein Bremer Geschäft geliefert werden sollen.
c) Bezüglich unserer Bestellung vom 12 Febr. darf ich Sie darauf hinweisen, daß der Computer an unsere Hamburger Agentur geliefert werden soll.
d) Bezüglich meiner Bestellung vom 18. März. dürfen wir Sie darauf hinweisen, daß die Fahrräder an meine Kieler Branche geliefert werden sollen.

2)
a) Die Behälter werden so bald wie möglich an Ihr Geschäft in Rensburg geliefert.
b) Die Lattenkisten werden so bald wie möglich an Ihre Branche in Memmingen geliefert.
c) Das Faß wird so bald wie möglich an Ihre Agentur in Lübeck geliefert.
d) Die Säcke werden so bald wie möglich in Ihr Depot in Zürich geliefert.

3)
a) Wie in unserem Telefongespräch vom 18. Februar besprochen, sende ich Ihnen per Luftfracht zehn Kästen Haarschneide-Sets (plus Zubehör) nach Hamburg.
b) Wie in Ihrer Bestellung vom 20. Januar gewünscht, sendet Ihnen unser Verkaufsleiter per Lastwagenversand zwölf ITT „Nokai" Radiorecorder mit Kopfhörer.
c) Wie in meinem Schreiben vom 23. April erwähnt, sende ich Ihnen per Seefracht fünfzig Pakete Scheibengardinen (ab 29.75- DM).
d) Wie in Ihrem Schreiben vom 2. September gewünscht, senden wir Ihnen per Bahn hundert Kartons Übergardinen Garnituren (in 3 Farbkombinationen).

Übung 5.1

Sehr geehrte Herren, bezüglich unserer Bestellung Nr.: 980/56A vom 8. August, weisen wir Sie darauf hin, daß die 20 HiFi-Lautsprecherboxen - GT 1000 „Lichtorgel" an unser Münster Lagerhaus geliefert werden. Alle Behälter sind deutlich mit den internationalen Zeichen „Zerbrechlich" und „Oberseite" gekennzeichnet. Wir danken Ihnen im voraus. Mit freundlichen Grüßen, Joachim Halben, Direktor, Dynastore GmbH.

Übung 5.2

Sehr geehrte Herren, mit Bezug auf Ihr Schreiben vom 20. September können wir Ihnen nun Näheres bezüglich der Lieferung unserer Bestellung Nr. 32/1A mitteilen. Wir hoffen, daß Sie die Ware schnell und einwandfrei erreicht, Sie mit der Qualität unsere Produkte zufrieden sein werden und wir auch in Zukunft die Gelegenheit haben werden, Sie zu beliefern. Mit freundlichen Grüßen, F. Lendle, Geschäftsleiter, Europa Spedition.

Unit 6

Brief 6.1

Dear Sir, We have received the trial order consisting of the above mentioned articles which arrived in perfect condition. If, as we hope, our customers like your suntan products, we shall be pleased to order larger amounts from you. Yours faithfully, Horst Sauer, Director.

a)   To inform Filtona GmbH that they have received the trial order.
b)   Yes, if the products are popular with his customers.
c)   By using one of the account numbers at the bottom of the letter.

Brief 6.2

Dear Sir, We thank you for your consignement of 26th June which arrived this morning within the time required and in good condition. The invoice and the goods tally perfectly. We hope to be in a position to send you an identical order shortly. Yours faithfully, Johan Voss.

a)   By the phrase **zum vereinbarten Termin**.
b)   An invoice
c)   Almost certainly.

Brief 6.3

Dear Sir, We are happy to confirm the arrival of after shave lotions Samarkand (No 1) and Jamaique (No 3) which we ordered two weeks ago (Nos: 210 & 211 of our order No: 3692). Our lorry collected the goods from the docks yesterday. In anticipation of the items which have yet to be delivered, we remain, Yours faithfully, Ingrid Krüger.

a)   She had to wait two weeks.
b)   It was sent by ship.
c)   No, she hasn't.

Brief 6.4

Dear Ms Voigt, The first part of the consignment of wall cupboards has just arrived by rail. We are happy to confirm that the first batch delivered corresponds perfectly with the delivery note. You can expect a similar order from us shortly. Yours sincerely,

a)   They arrived by rail.
b)   He checked the items against the delivery note.

Drills

1)
a) Die Lieferung der oben angeführten Schrankbetten mit Federkernmatratzen ist in einwandfreiem Zustand bei mir eingetroffen.
b) Der Behälter der oben angeführten Fernsehsessel ist in einwandfreiem Zustand bei unserem Kunden eingetroffen.
c) Die Kisten der oben angeführten Tisch-Analoguhren mit Klarsichthaube sind in einwandfreiem Zustand in unserem Lagerhaus eingetroffen.
d) Die Pakete mit dem oben angeführten Bermudas mit Gürteln sind in einwandfreiem Zustand bei uns eingetroffen.

2)
a) Unser LKW-Fahrer wird die Behälter morgen von Flughafen abholen.
b) Unser Vertreter hat die Kisten vor zwei Tagen vom Bahnhof abgeholt.
c) Mein Mitarbeiter holte die Pakete heute vom Depot ab.
d) Meine Kollegen werden die Lieferung übermorgen vom Hafen abholen.

3)
a) Die erste Hälfte der Lieferung von Garderoben-Möbel ist heute morgen per Spedition eingetroffen.
b) Die Kisten mit Elektrorasierer 37 A 552 werden morgen auf dem Luftweg eintreffen.
c) Die Behälter mit Gartenmöbel-Garnituren treffen heute auf dem Seeweg ein.
d) Das Paket mit Bettwäsche ist soeben per Spedition eingetroffen.

Übung 6.1

Betreff: Bestellung Nr.: 3209/34 : 30 Ganzkörper-Trainingsgeräte, Sehr geehrte Herren, ihre Probelieferung der oben angeführten Artikel ist in einwandfreiem Zustand bei uns eingetroffen. Unser Lieferwagen holte die Waren gestern vom Hafen ab. Wir hoffen, daß wir Ihnen bald wieder einen Auftrag gleichen Umfangs erteilen können. Mit freundlichen Grüßen, Ulrich Dressler.

Übung 6.2

Sehr geehrte Herren, hiermit bestätigen wir das Eintreffen des Polsterbetts mit Kissen und Bettdecken (in 3 Farbkombinationen) und die Sitzsäcke mit Styroporfüllung (Nr. 210 und 211 aus unserer Bestellung Nr. 3692), welche wir vor zwei Wochen bestellten. Sollten Ihre Produkte bei unseren Kunden, wie wir hoffen, gut ankommen, werden wir gerne eine größere Bestellung in Auftrag geben. Mit freundlichen Grüßen, Rolf Schultz, Verkaufsleiter.

Übung 6.3

Sehr geehrter Herr Johannsmann, die erste Lieferung der Motor-Gesundheitslattenroste mit 5 verschiedenen Härtegrade ist soeben per Bahn eingetroffen. Die Rechnung entspricht der gelieferten Ware. Wir hoffen, die restlichen Posten so schnell wie möglich zu erhalten. Mit freundlichen Grüßen, Marco Bornhausen, Hamburg Fleisch Ex- und Import GmbH.

Unit 7

Brief 7.1

Dear Mr Jägersberger, We have just taken delivery of the articles in our order No: 143/ 2A. We regret to inform you that the bathroom cabinets (with mirror, and lighting, colour:

dark maritime pine) are not up to the usual standard. Could you please make the necessary arrangements for the replacement of these articles and their delivery. In anticipation of a speedy reply, we remain, Yours sincerely, Max Kohr, Consilium Agentur.

a) Yes, he has.
b) The goods are not up to their usual standard.
c) He wants the company to replace them.

Brief 7.2

Dear Sirs, We regret to inform you that our consignment of a set of weight training equipment was delivered to us in a bad condition. You can understand our disappointment. We are now returning the damaged items and would be grateful if you would replace them immediately. Yours faithfully, Ernst Mössnang.

a) No, he isn't.
b) He wants the damaged items replaced.
c) Because he has already taken action by returning the items.

Brief 7.3

Dear Sir, We acknowledge reception of the solid pine settees which you sent to us according to our order of the 5th instant. Although the boxes are intact, when we unpacked them, we discovered that a certain number of the items were broken. We have told the shipper about the damage and kept the boxes and their contents so that they may be inspected. Yours faithfully,
Wener Storandt.

a) He found out when he unpacked them.
b) To the shipper.
c) So that they can be inspected.

Brief 7.4

Dear Sirs, Your shipment was at last delivered yesterday from the air freight depot. Unfortunately, we regret to have to inform you that the goods were clearly damaged. We would, therefore, be obliged if you would send your representative as soon as possible so that he can verify the situation himself. Yours faithfully, Siegfried Wiedermann Dipl.K(au)fm.

a) By the use of **endlich**.
b) The fact that the goods were damaged.
c) Diplomkaufmann - Bachelor of Commerce.

Drills

1)
a) Ihre Lieferung unserer Aufträge Nr. 321 & 322 ist soeben eingetroffen.
b) Ihre Lieferung meinen Auftrag Nr. 67-A ist soeben eingetroffen
c) Ihre Lieferung unseren Auftrag Nr. 81/1A ist soeben eingetroffen
d) Ihre Lieferung meiner Aufträge Nr. 56-A & 56-B ist soeben eingetroffen

2)
a) Ich bestätige das Eintreffen der Spannbettücher (Sondergrößen) gemäß unserer Bestellung vom sechzehnten dieses Monats.
b) Herr Rauchfuß bestätigt das Eintreffen der Badgarnitur mit dekorativer

Rosenstickereiapplikation gemäß unserer Bestellung vom zweiten dieses Monats.

c) Wir bestätigen das Eintreffen des Kindermöbel-Sets aus PVC-Material mit Clown-Motiv gemäß unserer Bestellung vom einunddreißigsten dieses Monats.

d) Ich bestätige das Eintreffen des Strandanzugs gemäß unsere Bestellung vom zwölften dieses Monats.

3)

a) Obwohl die Lieferung unversehrt war, fand ich beim Auspacken eine gewisse Anzahl beschädigter Posten vor.

b) Obwohl die Behälter unversehrt waren, fand Herr Traube beim Auspacken eine gewisse Anzahl beschädigter Posten vor.

c) Obwohl das Paket unversehrt war, fand ich beim Auspacken eine gewisse Anzahl beschädigter Posten vor.

d) Obwohl die Kisten unversehrt waren, fand ich beim Auspacken eine gewisse Anzahl beschädigter Posten vor.

Übung 7.1

Betreff 10 Balkonmarkise 94 E 504, beige-grün, Breite 200 cm 168.- Sehr geehrte Herren, obwohl die Balkonmarkise unversehrt ankam, fanden wir beim Auspacken eine gewisse Anzahl beschädigter Posten vor. Sie werden unsere Enttäuschung verstehen. Wir wären Ihnen daher sehr dankbar, wenn einer Außendienstmitarbeiter die Sachlage an Ort und Stelle auf seine Richtigkeit überprüfen könnte. Mit freundlichen Grüßen, Hans Manner, Verkaufsleiter.

Übung 7.2

Sehr geehrte Herren, ihre Lieferung ist gestern endlich über das Luftfrachtdepot bei uns eingetroffen. Leider müssen wir Ihnen mitteilen, daß die Fernsehsessels nicht den üblichen Anforderungen entsprechen. Wir haben den Spediteur über den Schaden informiert und die Kisten sowie deren Inhalt zum Zweck einer späteren Inspektion aufgehoben. Mit freundlichen Grüßen, Lothar Olbrich, Verkausfleiter.

Übung 7.3

Sehr geehrter Herr Price-Jones, wir bestätigen das Eintreffen des Wandgobelins »Die Brücke« (nach einem Gemälde des italienischen Malers Canvas von Cignaroli), mit Schlaufen und Holzstab gemäß unserer Bestellung vom fünften dieses Monats. Leider müssen wir Ihnen mitteilen, daß die Waren eindeutig beschädigt waren. Wir werden die beschädigten Posten an Sie zurückschicken und wären Ihnen für eine sofortige Ersatzlieferung sehr verbunden. Mit freundlichen Grüßen, Ibeth von Schellenberg, Gerling International.

Unit 8

Brief 8.1

Order No: 4265 - 30 dozen wine glasses: Dear Mr Dalgliesh, In reply to your letter of 3rd March on the subject of the non-delivery of some wine glasses, we have asked our Export Department who have informed us that the goods were damaged by the storm we had in this area last week. You can rest assured that we shall make sure that this order will be dealt with as soon as possible. Please accept our apologies for the inconvenience. Yours sincerely, Klaus Dieter von Mulert.

a) He asked his Shipping Department.

b) Because the goods were damaged by a storm.

c) He is going to send off the order as soon as possible.

Brief 8.2

Dear Sirs, We very much regret that, until now, we have not been able to send you the computer disks. We certainly have them in stock, but cannot locate any invoice in your name. Can you, in order to help us with our enquiry, send us the number and the date of your order? We assure you that we shall give the matter our utmost attention immediately we receive your reply. Yours faithfully, Rüdiger Niehaus.

a) Because he can't find a record of the order.
b) To send the number and the date of the order.
c) By assuring him that he will give the matter priority.

Brief 8.3

Dear Sirs, We have noticed that we have overcharged you by 400 DM and you will find a credit note attached for that amount. We are in the process of changing computers, which has led to a certain amount of duplication of invoices. As soon as things are back to normal, we hope to be able to continue as usual. Please accept our apologies. Yours faithfully, Wolf Schick, Director.

a) Because he has overcharged the client.
b) Because they are changing computers.

Brief 8.4

Dear Ms Erlenbruch, We are very put out to hear that the metal spring bed frames which we sent you by train became unfastened during transport and consequently arrived in a damaged condition. We offer our most profound excuses for this mistake which was caused by the carelessness of a new packer. We are ready to accept full responsibility for the damage and we have immediately replaced the articles. Please excuse us for all the inconvenience that this may have caused you. Yours sincerely,

a) They became unfastened during shipment.
b) It was the fault of a new packer.
c) He has replaced the articles.

Drills

1)
a) Vielen Dank für Ihr Telefongespräch vom 9. August, in dem Sie uns über die Nichtlieferung der Gesundheitsschuhe informierten.
b) Vielen Dank für Ihr Schreiben vom 10. Januar, in dem Sie uns über die Nichtlieferung der Desinfektionstücher (50 Stück) informierten.
c) Vielen Dank für Ihre Bestellung vom 12. Februar, in dem Sie uns über die Nichtlieferung des Elektro-Mundpflege-Sets informierten.
d) Vielen Dank für Ihr Schreiben vom 24. Juli, in dem Sie uns über die Nichtlieferung des Massagegerät-Sets informierten.

2)
a) Ich bedauere es außerordentlich, daß ich bisher nicht in der Lage war, die Auspufftöpfe zu liefern.
b) Herr Sunderer bedauert es außerordentlich, daß er bisher nicht in der Lage war, die Kleidungsstücke zu liefern.
c) Wir bedauern es außerordentlich, daß wir bisher nicht in der Lage waren, die

Verkaufsautomaten zu liefern.

d) Ich bedauere es außerordentlich, daß ich bisher nicht in der Lage war, die Aluminium Fensterrahmen zu liefern.

3)

a) Es tut mir sehr leid, daß die Küchengeschirre sich beim Transport losgerissen haben und deshalb beschädigt eintrafen.

b) Es tut uns sehr leid, daß die Küchenanbaumöbel sich beim Transport losgerissen haben und deshalb beschädigt eintrafen.

c) Es tut uns sehr leid, daß die Wäscheschleudern sich beim Transport losgerissen haben und deshalb beschädigt eintrafen.

d) Es tut mir sehr leid, daß die Handwerksausrüstigungen sich beim Transport losgerissen haben und deshalb beschädigt eintrafen.

Übung 8.1

Sehr geehrte Herren, vielen Dank für Ihr Schreiben vom 1. April, in dem Sie uns über die Nichtlieferung der Aktenschränke informierten. Bei einer Anfrage in unserer Exportabteilung stellte sich heraus, daß die fragliche Ware bei einem Feuer letzte Woche beschädigt wurde. Wir hoffen, daß die Dinge bald wieder ihren gewohnten Gang nehmen werden. Wir entschuldigen uns nochmals für die Ihnen dadurch entstandenen Unannehmlichkeiten. Mit freundlichen Grüßen, Klaus Röper, Versandabteilung.

Übung 8.2

Sehr geehrter Herr Lierschmann, es tut uns sehr leid, daß die Lehnstühle sich beim Transport losgerissen haben und deshalb beschädigt eintrafen. Sie können jedoch versichert sein, daß Ihr Auftrag unverzüglich bearbeitet wird. Wir bedauern außerordentlich die Ihnen dadurch entstandenen Unannehmlichkeiten. Mit freundlichen Grüßen, Günter Kruger, Geschäftsleiter.

Übung 8.3

Sehr geehrter Arkwright, wir danken Ihnen für Ihr Schreiben vom 9. September und bedauern es außerordentlich, daß wir bisher nicht in der Lage waren, die Ware zu liefern. Durch die Umstellung unserer Computer wurden einige Rechnungen zweimal ausgedruckt. Wir entschuldigen uns nochmals für die Ihnen dadurch entstandenen Unannehmlichkeiten. Wolfgang Juttner.

Unit 9

Brief 9.1

Dear Sir, We would like to draw your attention to our bill of 4th March. As we have not yet received your payment for the last two shipments, we would be very grateful if you would send it as soon as possible. I am sure that this delay is due to an oversight in your accounting department and while awaiting settlement, we remain, Yours faithfully, Dr Schrader.

a) That Theophil Scherzberg GmbH still owe them for the last two shipments.

b) An oversight in the accounts department.

Brief 9.2

Dear Mr Stiller, We wish to remind you that our invoice No: 896/1A dated 8th August has not yet been settled. We ask you to give this situation your most urgent attention. If you

have already transferred the amount in question, please take no notice of this request.
Yours sincerely , R. Langer.

a) The fact that they have not settled their bill.
b) Payment and an excuse for the delay.

Brief 9.3

Dear Mrs Neuss, We have received your letter of 12th September last in which you draw
our attention to the fact that we have overrun the time limit of your last two bills. As we
are experiencing temporary financial difficulties, we are sending you half of the amount
as an instalment and we shall pay the remainder over the next three months. We are very
grateful for your understanding, Yours sincerely, Heinz vom Bruch. Encl: Cheque.

a) To inform the client that payment is due.
b) By sending an instalment.

Brief 9.4

Dear Mr Matthias, I have certainly received your letter of 8th January concerning the non-
settlement of our order A/97867. As you are aware, our policy has always been to settle
our accounts with the minimum of delay. However, the damage caused by the hurricane
in the South of England resulted in serious cash flow problems and we would be very
grateful if you would allow us 30 days extra. Thanking you in advance, Yours sincerely,
Axel Hardenberg.

a) It was a complaint about the non-settlement of the bill.
b) That they have always paid on time in the past.
c) Because of hurricane damage.

Drills

1)
a) Darf ich Sie auf meinen Kontoauszug vom 8. Februar aufmerksam machen.
b) Darf Herr Schultz Sie auf seine Quittung vom 10. Januar aufmerksam machen.
d) Dürfen wir Sie auf unseren Seefrachtbrief vom 22. Juli aufmerksam machen.
e) Darf ich Sie auf meinen Bankauftrag vom 19. Juni aufmerksam machen.

2)
a) Ich wäre Ihnen deshalb für eine Verlängerung der Zahlungsfrist von zwei Wochen
   sehr verbunden.
b) Unser Direktor wäre Ihnen deshalb für eine Verlängerung der Zahlungsfrist von
   einem Monat sehr verbunden.
c) Wir wären Ihnen deshalb für eine Verlängerung der Zahlungsfrist einigen Tagen sehr
   verbunden.
d) Ich wäre Ihnen deshalb für eine Verlängerung der Zahlungsfrist von sechs Wochen
   sehr verbunden.

3)
a) Ich möchte Sie auf meine Quittung Nr.: 9809-A vom 10. Juni aufmerksam machen,
   deren Bezahlung noch aussteht.
b) Unser Einkaufsleiter möchte Sie auf seinen Bankauftrag Nr.: 2198 vom 14. Mai
   aufmerksam machen, dessen Bezahlung noch aussteht.
c) Wir möchten Sie auf unsere Rechnung Nr.: A432 vom 18. Oktober aufmerksam
   machen, deren Bezahlung noch aussteht.
d) Ich möchte Sie auf unseren Akkreditiv Nr.: 000211 vom 20 Dezember aufmerksam

machen, dessen Bezahlung noch aussteht.

Übung 9.1

Sehr geehrte Herren, dürfen wir Sie auf unsere Rechnung vom 9. Januar aufmerksam machen. Da für die letzten beiden Lieferungen bisher keine Zahlung erfolgte, wären wir Ihnen für eine baldige Erledigung der Angelegenheit sehr verbunden. Sollten Sie den Betrag inzwischen überwiesen haben, betrachten Sie die Sache bitte als erledigt. Sicherlich ist diese Verzögerung auf ein Versehen in Ihrer Buchhaltung zurückzuführen. Mit freundlichen Grüßen, Karl Otto Waldau, Geschäftsleiter.

Übung 9.2

Sehr geehrte Herren, hiermit wir bestätigen den Erhalt Ihres Schreibens vom 12 September dieses Jahres. Sie machten uns darin auf die Überziehung der ahlungsfrist Ihrer letzten beiden Rechnungen aufmerksam. Es ist Ihnen sicherlich bekannt, daß wir stets bemüht waren, unsere Rechnungen mit einem Minimum an Verzögerung zu begleichen. Der Schaden, der durch den Hurrikan im Süden Englands entstand, verursachte auch bei uns ernsthafte Liquiditätsprobleme. Wir wären Ihnen deshalb für eine Verlängerung der Zahlungsfrist von 30 Tagen sehr verbunden. Wir hoffen auf Regelung der Angelegenheit und verbleiben mit freundlichen Grüßen, Gerda Buresch, Geschäftsleiterin.

Übung 9.3

Sehr geehrter Dr. Meyer, ich habe natürlich Ihr Schreiben vom 25. Mai erhalten, in dem Sie mich auf die ausstehende Zahlung unserer Bestellung Nr.: A/8675 hinwiesen. Da wir uns vorübergehend in finanziellen Schwierigkeiten befinden, überweisen wir jetzt die Hälfte des Betrages und werden den Restbetrag in den nächsten drei Monaten begleichen. Wir danken im voraus. Mit freundlichen Grüßen, J. Bressler.

Unit 10

Brief 10.1

Dear Sir, We have just received an important order from the company whose name you will find on the enclosed slip. Could you please let us have full information on this company's position. We would particularly like to know if this company enjoys a sound financial situation and if we can let them have goods up to a credit limit of 50.000- DM. You can rest assured that this information will be kept strictly confidential. Yours faithfully, J. D. Philips, Director.

a) Because he has received a large order from a client wanting to open a credit account.
b) He has enclosed the client's name and address on a separate slip of paper.
c) He want to know whether it is safe to allow the client goods to the value of 50.000 -DM.

Brief 10.2

Dear Sirs, We would be very grateful if we could obtain information about Helmut Elsing Maschinenfabrik GmbH (Postfach 3421, D-7680, Reutlingen 1),, who would like to open an account and who have given us your name as a reference. As we have not had any business dealing with them, we should be very grateful if you could give us some information about their financial situation. Do you think that we could safely do business with them? In the hope of a speedy reply, we enclose an international reply coupon. Yours faithfully,

a) Because he wants to know the financial status of HEM GmbH.
b) Whether it is wise to do business with them on a credit basis.
c) He has enclosed an international reply coupon.

Brief 10.3

Dear Sirs, We would like to know your opinion on the subject of Walter & Zadelhof Technologie GmbH., who have given your name as a reference. Before finally committing ourselves, we would be obliged if you would give us your opinion on the quality of their work and of their after sales service. We assure you that all information that you give us will be treated confidentially. Thanking you in advance, we remain, Yours faithfully, G. Wilkins, General Manager, Wilkins Lamination plc.

a) He wants information about the quality of their work and their after sales service.

Brief 10.4

Dear Sirs, Münchmeyer, Schultz GmbH, have contacted us with a view to placing an important order of household goods. They have given us your name and address and we would, therefore, be very grateful if you would supply us with information on their financial situation as soon as possible. Although we are sure of their ability to pay, we would like confirmation that their financial situation guarantees quarterly payments of up to 5000.000- DM. Needless to say that all information will remain confidential. Yours faithfully, Heinz Westerhof, Export Department.

a) A large order for household goods.
b) Every three months.

Drills

1)
a) Ich habe soeben einen wichtigen Auftrag von einer Gesellschaft erhalten, deren Namen auf beiliegendem Blatt steht.
b) Herr Rauch hat soeben einen wichtigen Auftrag von einer Molkerei erhalten, deren Namen auf beiliegendem Blatt steht.
c) Wir haben soeben einen wichtigen Auftrag von einem Möbelhaus erhalten, deren Namen auf beiliegendem Blatt steht.
d) Ich habe soeben einen wichtigen Auftrag von einem Laden erhalten, deren Namen auf beiliegendem Blatt steht.

2)
a) Ich wäre besonders daran interessiert zu erfahren, ob die fragliche Gesellschaft finanziell gesund ist und ihr Waren auf Kredit in Höhe von 60.000,- DM bewilligt werden könnte.
b) Frau Kollar wäre besonders daran interessiert zu erfahren, ob das fragliche Geschäft finanziell gesund ist und ihm Waren auf Kredit in Höhe von 100.000,- DM bewilligt werden könnte.
c) Wir wären besonders daran interessiert zu erfahren, ob die fraglichen Kunden finanziell gesund sind und ihnen Waren auf Kredit in Höhe von 75.000,- DM bewilligt werden könnten.
d) Ich wäre besonders daran interessiert zu erfahren, ob der fragliche Laden finanziell gesund ist und ihm Waren auf Kredit in Höhe von 80.000,- DM bewilligt werden könnte.

3)
a) Für Angaben über die Albert Wetzel GmbH, die bei uns ein Konto eröffnen

möchte, wären wir Ihnen sehr dankbar.

b) Für Einzelheiten über die UOD Vertriebsgesellschaft GmbH, die bei Herrn Kronsbein
ein Konto eröffnen möchte, wären wir Ihnen sehr dankbar.

c) Für Auskunft über Dr. Manfred Trumpt, der bei uns ein Konto eröffnen möchte,
wären wir Ihnen sehr dankbar.

d) Für Informationen über die Rau Electronic Holding GmbH, die bei uns
ein Konto eröffnen möchte, wären wir Ihnen sehr dankbar.

Übung 10.1

Sehr geehrte Herren, wir haben soeben einen wichtigen Auftrag von einer Firma erhalten,
deren Namen auf beiliegendem Blatt steht. Da wir bisher mit dieser Firma keine
Geschäftsverbindung hatten, wären wir Ihnen sehr dankbar, wenn Sie uns über ihre
finanzielle Lage Auskunft geben könnten. Würden Sie uns eine Geschäftsverbindung
empfehlen? Wir versichern Ihnen, daß alle Angaben vertraulich behandelt werden. Mit
freundlichen Grüßen, Dieter Scherer.

Übung 10.2

Sehr geehrte Herren, für Informationen über die SASCO Aktiengesellschaft, Parkstraße
9, Postfach 5602, 4000 Düsseldorf, die bei uns ein Konto eröffnen möchte, wären wir
Ihnen sehr dankbar. Bevor wir uns endgültig verpflichten, würden wir gerne von Ihnen
erfahren, was Sie von der Qualität der Arbeit und des Kundendienstes halten. Wir hoffen
auf eine schnelle Antwort und legen einen internationalen Antwortschein bei. Wir
bedanken uns im voraus. Mit freundlichen Grüßen, Heinz Gatzke, Direktor, Puzmann
Technik.

Übung 10.3

Sehr geehrter Herr....., wir wären sehr an Ihrer Meinung über die.....interessiert, die Sie
uns als Referenz nannte. Obwohl wir an deren Zahlungsfähigkeit nicht zweifeln, hätten
wir doch gerne eine Bestätigung, daß deren finanzielle Lage vierteljährliche Zahlungen in
Höhe von 6.000.000,- DM erlaubt. Wir versichern Ihnen, daß alle uns gegebenen
Auskünfte streng vertraulich behandelt werden. Mit freundlichen Grüßen, ...

Unit 11

Brief 11.1

Dear Dr. Weichardt, We are obliged to inform you that a mistake has slipped into our
order No: A/1473 of 5th October last. Instead of: Storage case for 200 computer disks, it
should read. Storage box for 100 audio cassettes. Please excuse us for this regrettable
incident. Yours sincerely, Walter Schülter, Manager.

a) By claiming that the error accidentally "slipped" into the order.
b) He ordered the wrong goods.

Brief 11.2

Dear Sirs, On 4th January we ordered a "Siemens" Kitchen radio (for fixing under shelf)
which should be delivered at the end of the month. We have, however, discovered that
our present stock is sufficient for the coming month and we would like to cancel the order.
I hope that, in view of our longstanding dealings with you, you will accept this change.
Yours faithfully, Dieter Kögel, Sales Manager.

a) Almost a month.
b) He has realised that he has enough equalisers in stock.

Brief 11.3

Dear Sir. We regret to learn from your letter of 9th October that it is impossible for you to fulfil our order No: 875-326 according to the stipulated details. We have to remind you that we insisted the delivery date should be adhered to and now see ourselves obliged to cancel the order. Yours faithfully, Wofgang Malszahn, Director.

a) That the company could not fulfil his order.
b) Because he must have the goods by a certain date.

Brief 11.4

Dear Mrs Schnabel, As you have not got these articles in stock, we would be obliged if you would cancel our order of 8 pairs of half-socks and replace it with of 10 pairs of half-stockings (colour the same as the half-socks). Please find enclosed a revised order form. We should be obliged if you would confirm as soon as possible that this change is acceptable. We hope to receive a favourable reply, Yours sincerely, Hanna Rosenberg, Sales Manager.

a) Because the supplier has not got the goods in stock.
b) A revised order form.
c) Anlage

Drills

1)
a) Ich bedauere, Ihnen mitteilen zu müssen, daß sich in unserer Bestellung Nr.: B-231A vom 9. Juli dieses Jahres ein Fehler eingeschlichen hat.
    Anstatt:- 94 C 216 Pflanzschalenpaar, H25, 30 45.- sollte es: 94 D 215 Pflanzschalenpaar, H27, 35 55.- heißen
b) Frau Bannasch bedauert, Ihnen mitteilen zu müssen, daß sich in meiner Bestellung Nr.: 432-A vom 12. Juni dieses Jahres ein Fehler eingeschlichen hat.
    Anstatt:- 94 F 502 beige Sesselpolster, 123 x 50 x 10 cm sollte es 94 B 506 blaue Sesselpolster 123 x 50 x 10 cm heißen.
c) Wir bedauern, Ihnen mitteilen zu müssen, daß sich in unserer Bestellung Nr.: 536-OB vom 21. Dezember dieses Jahres ein Fehler eingeschlichen hat.
    Anstatt:- 95 A 330 Universalwagen aus Stahlrohr sollte es 95 V 331 Universalwagen in verchromter Ausführung heißen.
d) Ich bedauere, Ihnen mitteilen zu müssen, daß sich in unserer Bestellung Nr.: 9803/21 vom 29. Februar dieses Jahres ein Fehler eingeschlichen hat.
    Anstatt:- 29 B 999 Raumsparbetten Größe 123x110x36 cm sollte es 59 B 368 Raumsparbetten Größe 83 x 110 x 36 cm heißen.

2)
a) Ich bestellte am 9. März eine Vielzweckkommode, die Ende der Woche geliefert werden sollte.
b) Herr Schedwill bestellte am 29. Oktober eine Konsole, die nächsten Monat geliefert werden sollte.
c) Unsere Kunden bestellten am 14. Februar einen Flaschenständer, der nächsten Freitag geliefert werden sollte.
d) Wir bestellten am 5. Juli eine Truhe (mit aufklappbarem Deckel), die übermorgen geliefert werden sollte.

3)
a) Da Sie die gewünschten Artikel nicht auf Lager haben, bitte ich Sie meine Bestellung

über 10 Video-Phono-Schränke zu annullieren. Bitte senden Sie mir dafür 10 Eckschränke (Eiche rustikal).

b) Da Sie die gewünschten Artikel nicht auf Lager haben, bittet Herr Farnschläder Sie seine Bestellung über 1 Kentucky-Rifle 19. Jahrhundert, Länge 110 cm zu annullieren. Bitte senden Sie ihm dafür 1 US-Colt 45 Automatic, Modell Government, Jahrgang 1911, Länge 24 cm.

c) Da Sie die gewünschten Artikel nicht auf Lager haben, bitten unsere Kunden Sie ihre Bestellung über 20 Paar Jeans-Shorts in blau-weißem Streifendessin zu annullieren. Bitte senden Sie ihnen dafür 20 Paar Herren-Bundfalten-Bermudas.

d) Da Sie die gewünschten Artikel nicht auf Lager haben, bitten wir Sie unsere Bestellung über 20 Übergardinen-Garniture (schwarzgrundig) zu annullieren. Bitte senden Sie uns dafür 20 Übergardinen-Garnituren (weißgrundig).

Übung 11.1

Sehr geehrte Herren, da Sie die gewünschten Artikel nicht auf Lager haben, bitten wir Sie unsere Bestellung Nr.:235/1A zu annullieren. Ich hoffe, daß Sie in Anbetracht unserer langjährigen Geschäftsbeziehungen diese Änderung akzeptieren werden. Bitte entnehmen Sie der Anlage das abgeänderte Bestellformular. Mit freundlichen Grüßen.

Übung 11.2

Sehr geehrter Herren, ich bestellte am 4. Januar 20 >>Blaupunkt<< Cassetten-Autoradios Freiburg SQS 39 Rundfunkteil, die Ende des Monats geliefert werden sollen. Wie ich jedoch feststellen muß, reicht unser derzeitiger Warenbestand noch für den kommenden Monat aus, und ich möchte den Auftrag deshalb zurückziehen. Ich bitte Sie, den bedauerlichen Fehler zu entschuldigen. Mit freundlichen Grüßen, Hans-Kurt Peicher.

Übung 11.3

Sehr geehrter Herr Deike, wir bedauern, Ihnen mitteilen zu müssen, daß sich in unserer Bestellung Nr.: 9807/B vom 7. September dieses Jahres ein Fehler eingeschlichen hat. Anstatt:- 200 F/6736A Transistorradios, sollte es 200 F683B Transistorradios heißen. Bitte bestätigen Sie uns in Kürze, ob diese Änderung möglich ist. Mit freundlichen Grüßen, Gerald Booth, Geschäftsleiter.

Unit 12

Brief 12.1

Dear Mr Bankson, We have pleasure in announcing the visit of our new representative, Manfred Kottenhahn, to Shoreham with a complete set of our new samples. He will call on you during the course of next week. I am sure that you will find Mr Kottenhahn both pleasant and obliging, and that you will appreciate his professional qualities. I hope that you will offer him a warm welcome in Shoreham and place some orders which will receive our utmost attention, Yours sincerely, Helmut Bresser, Director.

a) He is Auriga Gaulin GmbH's new representative.
b) A full set of samples.

Brief 12.2

Dear Mr Freudlinger, We learn with great pleasure that you are interested in our type of merchandise. We are happy to inform you that our representative, Tessa Morton, will very shortly be in your area with a complete assortment of our latest products as well as our current range. We would be grateful if you would let us know as soon as possible whether a visit is possible so that we can arrange a meeting. Yours sincerely, Simon Clarke, Manager, ABC Marketing Services plc.

a) He heard that the company was interested in their products and his representative was about to visit the area.
b) To arrange a meeting.

Brief 12.3

Dear Herr Thiessig, Our new representative in your area, Bill Davey, will call to see you during the course of the coming week. He will inform you himself of the date and time of his visit and we hope that you will offer him a warm welcome. If you wish to place an order, you can be sure that it will be treated with our usual care and attention. Hoping that this arrangement suits you, Yours sincerely, John Cooper, Director, JC & Partners.

a) During the course of the coming week.
b) Bill Davey will contact him personally.

Brief 12.4

Dear Mrs Pohl, We are very happy to introduce John Higgins, our new area representative. He will show you on our behalf a collection of our latest models. We would particularly like to draw your attention to the exceptional quality of the models in Nylon which sell at extremely competitive prices. We hope that you will favour us with an order which, it goes without saying, will be processed with the utmost care. Keith Anderson, Chief Buyer.

a) He is the new area representative.
b) The Nylon models.

Drills

1)
a) Unsere neue Außendienstmitarbeiterin, Gerda Spriesterbach, wird Sie Ende dieser Woche besuchen.
b) Unser neuer Handlungsreisende, Martin Triebel, wird Sie im Laufe des nächsten Monats besuchen.
c) Unsere neuen Kollegen, Hans Fischer und Bruno Schmidt, werden Sie morgen besuchen.
d) Unser neuer Vertreter, Axel Sattler, wird Sie übermorgen besuchen.

2)
a) Es freut mich sehr, daß Sie an meinen Waren interessiert sind. Mein Kollege, Willi Wolfert, wird im Laufe der nächsten Woche mit dem vollständigen Sortiment meiner neuesten Produkte sowie meiner aktuellen Kollektion in Ihrer Gegend sein.
b) Herr Schnabel freut sich sehr, daß Sie an seinen Waren interessiert sind. Seine Vertreterin, Olga Beiner, wird Ende dieser Woche mit dem vollständigen Sortiment seiner neuesten Produkte sowie seiner aktuellen Kollektion in Ihrer Gegend sein.
c) Wir freuen uns, daß Sie an unseren Waren interessiert sind. Unsere Kollegen, Rudolf Priefert und Horst Herring werden Ende des Monats mit dem vollständigen Sortiment unserer neuesten Produkte sowie unserer aktuellen Kollektion in Ihrer Gegend sein.
d) Es freut mich sehr, daß Sie an meinen Waren interessiert sind. Unser Handlungsreisende, Freddy Klempenberg wird anfang nächsten Jahres mit dem vollständigen Sortiment meiner neuesten Produkte sowie meiner aktuellen Kollektion in Ihrer Gegend sein.

3)

a) Frau Traube hat das Vergnügen den Besuch ihrer neuen Kollegin, Lotte Gins, in Birmingham ankündigen zu dürfen. Sie wird eine vollständige Auswahl ihrer neuesten Muster mitbringen.

b) Ich habe das Vergnügen den Besuch meiner neuen Vertreterin, Margaret O'Connel, in Bremen ankündigen zu dürfen. Sie wird eine vollständige Auswahl meiner neuesten Muster mitbringen.

c) Wir haben das Vergnügen den Besuch unseres neuen Außendienstmitarbeiters, Manfred Kottenhahn, in Brighton ankündigen zu dürfen. Er wird eine vollständige Auswahl unserer neuesten Muster mitbringen.

d) Herr Winkler hat das Vergnügen den Besuch seines neuen Handlungsreisenden, Duncan Hall, in Bochum ankündigen zu dürfen. Er wird eine vollständige Auswahl seiner neuesten Muster mitbringen.

Übung 12.1

Sehr geehrter Herr Nieden, es freut uns sehr zu hören, daß Sie an unseren Waren insteressiert sind. Unser Vertreter, Heinrich Lehmann, wird sehr bald mit dem vollständigen Sortiment unserer neuesten Produkte sowie unserer aktuellen Kollektion in Ihrer Gegend sein. Ich bin sicher, daß Sie Herrn Lehmanns freundliche und zuvorkommende Art sowie seine fachlichen Qualitäten schätzen werden. Mit freundlichen Grüßen.

Übung 12.2

Sehr geehrter Herr Brunn, hiermit habe ich das Vergnügen den Besuch unseres neuen Außendienstmitarbeiters Peter Wilkins, in Freiburg ankündigen zu dürfen. Er wird Sie im Laufe der nächsten Woche besuchen. Er wird eine vollständige Auswahl unserer neuesten Muster mitbringen. Wir wären Ihnen sehr dankbar, wenn Sie uns mitteilen könnten, ob Sie an einem Besuch unseres Außendienstmitarbeiters interessiert sind, und wir einen Termin vereinbaren können. Mit freundlichen Grüßen, George Hohley, Exportleiter, Lynn & Russel Associates.

Übung 12.3

Sehr geehrter Herr Holding, unser neuer Außendienstmitarbeiter, Thomas Brandt, wird Sie im Laufe der nächsten Woche besuchen. Er wird Ihnen, in unserem Auftrag, eine Kollektion unserer neuesten Modelle zeigen. Wir möchten Sie besonders auf die außergewöhnliche Qualität der Plastikmodelle aufmerksam machen, die wir zu einem ungewöhnlich günstigen Preis anbieten. Ich hoffe, Sie werden ihn in herzlich aufnehmen und ihm einige Aufträge erteilen, die wir schnell und sorgfältig ausführen werden. Wir hoffen, daß Sie mit dieser Vereinbarung einverstanden sind. Mit freundlichen Grüßen, Hans Hassler, Direktor, Nelcogesellschaft GmbH.

Unit 13

Brief 13.1

Dear Sirs, We thank you for your letter of 12th July which was attached to the proposal form. We are writing to inform you that our staff are now preparing your insurance policy which you will receive between now and the end of the month. In the meantime, you are, of course, covered. Please find the cover note enclosed. Rudolf Winter, Droege & Schwarz, Insurance broker.

a) Because it enclosed the cover note.

b) Because the policy is not ready yet.

Brief 13.2

Dear Sirs, We regret to inform you that part of the goods sent by our Agent in Bremehaven on the freighter "Muharraq" arrived in a very bad state. Please find enclosed a report from the Customs Officials. You will notice that they estimate the damage to be 50.000-DM. The cargo was fully insured against all risks by our London office. We request you to accept the damage as evaluated by your own expert and settle the claim at an early date. Yours faithfully, Hans von Hagen.

a) To get the damage assessed by his own expert and settle the claim.
b) The Customs's report.

Brief 13.3

Dear Sirs, When your container lorry arrived in Hamburg this morning, the shipping agents noticed that several of the boxes in your consignment had been damaged. As a result our assessor (expert) examined the cargo. The articles are complete but some of them have been spoilt, for example:- 2 antique walnut tables. - 12 sets of Chippendale chairs. Please find attached the assessor's report in triplicate as well as a letter from the shipping agent confirming that the damage was noticed immediately the lorry arrived at the depot. We would appreciate it if you would get in touch with the insurers about the problem. The insurance certificate number is P/96106. In the interim, we would be grateful if you would replace the damaged goods mentioned above as we have customers awaiting delivery. Yours faithfully, Caroline Schuff.

a) The assessor's report and a letter from the shipping agent.
b) To replace the damaged goods.

Übung 13

Sehr geehrte Herren, Flug DA 765 landete erwartungsgemäß pünktlich in Gatwick Airport. Bei der Inspektion der Ladung durch unseren Vertreter stellte sich jedoch heraus, daß eine der Kisten in Container Nr. 12 beschädigt war. Wir verständigten daraufhin unseren Versicherungsvertreter in Brighton, der zusagte bei der Öffnung der Kiste anwesend zu sein. Wir fanden dabei mehrere Artikel beschädigt vor. Anbei senden wir Ihnen seinen Bericht. Als Versicherungsnehmer wären wir Ihnen sehr dankbar, wenn Sie die nötigen Schritte zur Schadensregelung bei Ihrer Versicherung einleiten würden. Unnötig zu erwähnen, daß wir durch diese Panne unseren Kunden gegenüber in eine sehr peiliche Situation geraten sind. Wir wären Ihnen daher für eine unverzügliche Ersatzlieferung per Luftfracht sehr verbunden. Mit freundlichen Grüßen ....

Unit 14

Brief 14.1

Dear Sirs, We have been selling a considerable quantity of English preserves to different parts of Germany and are interested in appointing an agent to explore the market and develop the trade further. The products in question are a wide selection of jams and honey. Your name was suggested as agent by Dietmar Hellermann GmbH in Düsseldorfand, on their recommendation, we would like to offer you the sole agency for Schleswig-Holstein. Goods will be consigned to you according to your instructions since we are only familiar with the tastes and particular requirements of customers in the north east and realise that these must vary from region to region. We are enclosing our price list which will give you some idea of the varieties we produce. Since we appreciate the difficulties of introducing a new product to local buyers, we are willing to pay a commission of 15% on net sales. We are sure that this relationship will be mutually profitable and hope that you will accept our offer. Please let us have an early reply, so that we can prepare our introductory offers in good time. Yours faithfully, Jason Whitney.

a) Probably by sending their own commercial traveller.
b) By offering a commission of 15% on net sales.

Brief 14.2

Dear Sirs, Thank you for your letter of 7th February offering us an agency for your potted meats. We would be glad to accept the offer. We must point out, however, that only a sole agency would be worthwhile as the scope for your potted meats here is somewhat limited because of local competition; besides, the preference for fresh foods here would also make it difficult to extend the market for English potted meats rapidly. In these circumstances, we feel that competition from another agent would make our efforts not worthwhile. If you give us your sole agency for Germany, we feel sure that our wide marketing experience and valuable contacts will enable us to introduce your goods successfully in this country. Yours faithfully,

a) To avoid competition from another agent.
b) Customers prefer fresh foods.

Übung 14

Sehr geehrte Herren, die vorzügliche Verpackung und Qualität Ihrer landwirtschaftlichen Chemieprodukte, die wir vor kurzem in Deutschland im Einsatz sahen, beeindruckten uns sehr. Wir haben inzwischen Ihren neuesten Katalog gesehen und wären interessiert zu erfahren, ob Sie die Einrichtung einer Vertretung in England in Betracht ziehen würden. Als seit vielen Jahren führender Importeur und Großhändler verfügen wir über eine ausgedehnte Verkaufsorganisation sowie über umfangreiche Kenntnisse bezüglich des englischen Marktes. Wir sind der Meinung, daß sich Ihre Produkte hier sehr gut verkaufen würden. Unter Vorraussetzung akzeptabler Konditionen sind wir bereit auf Kommissionsbasis oder als Vermittler von Aufträgen für Sie tätig zu werden. Wir wären weiterhin an einer Alleinvertretung Ihrer Produkte interessiert und sind überzeugt, daß dies von beiderseitigem Interesse wäre. Bitte lassen Sie uns wissen, ob Sie an unseren Vorschlägen interessiert sind. Mit freundlichen Grüßen

Unit 15

Brief 15.1

Dear Sirs, Thank you for your enquiry regarding our range of fire fighting equipment. We supply such equipment throughout the world for use by companies such as yourselves, and will be glad to provide a large order against a letter of credit issued through a reputable international bank. We look forward to receiving a letter of credit in due course when your order will be processed in the usual way. Yours faithfully, Berhardt Hadick, Managing Director.

a) By a letter of credit.
b) When they receive the letter of credit.

Brief 15.2

Dear Sirs, Re: Your Order N: JK/9630. We acknowledge with thanks the receipt of the above order. We are in the process of preparing the magnetic white display boards for shipment. Your agent has informed us that you will arrange payment by Letter of Credit in our favour, valid until 30th June, 19—. This is acceptable to us. As soon as the credit has been confirmed by our bank, the goods will be shipped as instructed. Yours faithfully, John Wheeler, Sales Manager.

a) He was informed by his agent.
b) As soon as the credit has been confirmed by his bank.

Brief 15.3

Dear Sirs, With reference to your letter of 19th March, we write to inform you that we have instructed the Norddeutsch Landsbank Girozentrale in Bonn to open a credit for 60.000- DM. in your favour, valid until 30th June, 19—. This credit will be confirmed by Barclay's Bank in Guernsey and will be issued when your draft is received at this bank. Please make sure that all necessary documents are attached: A Bill of Lading in duplicate, 1 Invoice for the customs, Insurance cover for 75.000- DM., 4 separate Commercial Invoices. Yours faithfully, Gerd Weber, Chief Accountant.

a) To Barclay's Bank in Guernsey.
b) A draft.

Übung 15

Sehr geehrte Herren, wir bestätigen dankend den Eingang Ihrer Bestellung vom 5. Januar. Wie unser Vertreter, Herr Blunt, uns informierte, werden die Waren für den Versand vorbereitet. Wir nehmen zur Kenntnis, daß Sie die Zahlung durch einen unwiderrufbaren Akkreditiv, gültig bis zum 1. März, veranlaßt haben. Sobald wir eine Bestätigung über die Einrichtung des Akkreditivs erhalten haben, werden die Waren gemäß Ihrer Instruktionen verpackt und verschifft. Wie immer werden wir alle Ihre Aufträge mit der größten Sorgfalt ausführen. Wir freuen uns auf eine gute Zusammenarbeit auch in der Zukunft. Mit freundlichen Grüßen ....

Unit 16

Brief 16.1

Dear Sirs, I wish to apply for the post of bilingual secretary at ARCOM Ltd., as advertised in the "The Times" on Monday, 5th October, 1988. The attached CV notes detail my career and qualifications up to this moment, which in outline are as follows: My full time education ended by gaining a B.A. in 1982, although since then I have successfully completed courses in French and German. For the past 6 years I have been a private secretary in the Overseas Sales department at Selby Ltd., with particular responsibility for all overseas correspondence. During this time I have successfully introduced a completely new filing system and modernised the whole office routine. Having worked at this level for some time, I now wish to seek further responsibility in this field and would like to take up the challenge of a new position. I would be grateful, therefore, if you would allow me the opportunity of meeting with you and your colleagues to discuss my suitability. Yours faithfully, Kathleen O'Houlihan.

a) Because she wants to apply for the post of bilingual secretary with ARCOM Ltd.
b) She has introduced a new filing system and has completely modernised the office routine.

Brief 16.2

Dear Herr Görke, Having worked for the past four years as the only secretary in a thriving small business, I would like to apply for the post of executive secretary as advertised in the "Guardian" on Tuesday, 12th January, 19—. As private secretary to the owner of James Young plc in Southampton, I was not only responsible for the day to day running of the office, but for all overseas correspondence, mostly in German as we export to Germany and Eastern Europe. I was also responsible for the more personal work of making private appointments, vetting telephone calls and visitors and organizing Mr. Young's paperwork and correspondence. With the above experience behind me, I am thoroughly familiar with the duties of executive secretary and believe that I will certainly come up to all your expectations. I enclose my C.V. and would be grateful if you would give me the opportunity to discuss my qualifications with you in person. I would be happy to attend an interview at your convenience, and can be reached on my answerphone at 01-6719860. Yours sincerely, Jenny Hinchcliffe.

a) She was the private secretary at James Young plc.
b) She wants Herr Görke to give her an interview.

Brief 16.3

Dear Sirs, The Post of Tourist Information Assistant. With reference to your advertisement in today's "Süddeutschen Zeitung", I would like to apply for the above post. Details of my qualifications and experience are as follows: I am a graduate from the University of Kent with a B.A. degree in Modern Languages (German and Spanish). I acquired my business German at the Goethe Institute in London. After graduating in 1987, I worked for an advertising agency as a proof-reader for their monthly magazine dealing with the French wholesale trade. During this time, I attended evening classes in management and data processing. I am sure that, given the opportunity, I will be able to do justice to all aspects of the work entrusted to me as a Tourist Information Assistant. My spoken German is fluent and therefore hope that you will consider my application sympathetically. Yours faithfully,

a) She worked as a proof-reader for an advertising company.
b) She studied at the University of Kent and the Goethe Institute.

Übung 16

Sehr geehrte Herren, in Beantwortung Ihrer Stellenanzeige im Guardian wäre ich Ihnen für die Berücksichtigung meiner Bewerbung sehr verbunden. Seit mehr als sechs Jahren arbeite ich als Phonotypistin; meine Kurzschrift Geschwindigkeit ist 110 Wörter per Minute und auf der Schreibmaschine 60 Wörter per Minute. Vor kurzem habe ich meine Kenntnisse in einem Kurs über Datenverarbeitung verbessern können. Textverarbeitung (Wordstar 5) und DataBase 3 sind mir geläufig. Anbei sende ich meinen Lebenslauf und drei Zeugniskopien. Ich hoffe sehr, daß Sie mir die Gelegenheit zu einem persönlichen Vorstellungsgespräch gewähren werden. Mit freundlichen Grüßen.

Unit 17

Brief 17.1

Dear Miss Billings, Thank you for your letter applying for the position of secretary. I shall be grateful if you could come here for an interview on Wednesday next, 13th March, at 2.30. If that day or time is not convenient for you, I would appreciate it if you could let my secretary know, and I will try to arrange the interview for a date and time that is suitable for both of us. Yours sincerely, Berndt Brand, Personnel Manager.

a) He wants her to attend for interview on the following Wednesday, the 13th March.
b) He wants her to contact his secretary for a new date and time.

Brief 17.2

Dear Mr Jackson, With reference to your letter of Monday 12th January, I am pleased to confirm the offer of a position as systems analyst in this company. Enclosed are three copies of our contract of employment. Please sign two of these and return them to my secretary as soon as possible. We have also enclosed a leaflet giving you full details of our pension fund, our luncheon voucher scheme, the sports club and the annual outing. If you have any queries about the terms of the contract itself, please do not hesitate to contact me. Yours sincerely, Erika Wiehl.

a) She wants him to sign two copies of the contract of employment and return them to her office.

b) He would contact her again if he had any questions about the contract.

Brief 17.3

Confidential. Dear Mr. Ficher, Thank you for your recent visit regarding employment. After considerable deliberation in the light of our conversation last week, I have come to the conclusion that we cannot at present offer you employment at our offices. As I mentioned when we met, I will keep your application on file for future reference as we regularly look for extra or replacement staff. I am glad you came and explained your capabilities so well, and hope that you do not find this decision too disappointing. Yours sincerely, Donald Hobson, Recruitment.

a) It took him a week.

b) By saying that he will keep his application on file.

Übung 17

Sehr geehrtes Fräulein Foxwell, vielen Dank für Ihre Bewerbung für den Posten der zweisprachigen Sekretärin. Hiermit möchte ich Sie nun gerne zu einem Vorstellungsgespräch für Freitag den 26. Januar um 14.30 Uhr einladen. Lassen Sie mich bitte wissen, ob dieser Termin Ihnen ungelegen ist. Ich werde dann versuchen, einen für Sie günstigeren Termin zu arrangieren. Ich erwarte Ihre Antwort und freue mich, Sie am Freitag persönlich kennenzulernen. Mit freundlichen Grüßen,
Colin Pattison, Personalbüro.

Unit 18

Brief 18.1

Dear Herr Szenfeld, I am about to apply for the position of Sales Representative at AIROIL LUFTTECHNIK GmbH in Kempen. I would very much appreciate it if I could include your name in my list of references. As you are familiar with my work with, BBA VERMITTLUNGS-GESELLSCHAFT in Berlin, you will be able to give ALT a fair evaluation of my capabilities. I enclose a stamped, addressed envelope for your reply. Yours sincerely, John Bridges.

a) He is applying for the post of Sales Representative.

b) Because he is familiar with his work at BBA VERMITTLUNGS-GESELLSCHAFT in Berlin.

Brief 18.2

Dear Mr Eggers, I am applying for the position of bilingual secretary with Gleichen-Reisen GmbH in Hamburg. As you gave me every encouragement to continue with my study of German and helped me prepare for the final examinations at the Goethe Institute, I would very much appreciate it if you would kindly write a letter of recommendation on my behalf. I enclose a stamped, addressed envelope to Herr Jansen, the personnel manager at Gleichen-Reisen GmbH. Yours sincerely, Emily Goodman.

a) Because he encouraged her to continue her study of German and helped her prepare for her final examinations.

b) She wants him to send it to the manager of Gleichen-Reisen GmbH.

Brief 18.3

Dear Mrs. Günnewicht, I am very happy to provide you with the information you requested regarding Mary Stevens. This information is, however, to be kept confidential. Miss Stevens first worked with us as a general secretary and became secretary to the Overseas Sales Manager in 1989. She proved herself to be competent, hard-working and trustworthy. I feel sure that she will prove herself to be an ideal employee if you decide to offer her the position she seeks. Yours sincerely, Michel Stroth, Managing Director.

a) He wants the information to be kept confidential.
b) She became secretary to the Overseas Sales Manager.

Übung 18

Sehr geehrte Herren, Fräulein Jackson began ihre Lehre als Sekretärin bei uns vor 5 Jahren. Durch die Belegung von Abendkursen in Büroorganisation, Deutsch und moderner Kommunikationssysteme war sie stets bemüht, ihre beruflichen Kenntnisse zu verbessern. Vor einem Jahr wurde sie Privatsekretärin des Verkaufsleiters. Ein Teil ihres Aufgabengebiets ist nun die Abwicklung der Auslandskorrespondenz. Sie ist außerdem verantwortlich für die Organisation von Werbeveranstaltungen sowie dem Verfassen von Berichten und Protokollen. Wir sind überzeugt, daß Fräulein Jackson für den Posten der persönlichen Assistentin des Verkaufsmanagers in Ihrer Firma sehr geeignet ist und können sie Ihnen bestens empfehlen. Mit freundlichen Grüßen.........

Unit 19

Brief 19.1

Dear Mr. Weil, Please find enclosed the latest literature and samples of our new range. I have also included a display kit for your window or counter which you may want to test out at your premises in Rosenberg. You will find additional information on prices, discounts, incentives and marketing materials for your sales staff. I hope all goes well and look forward to extra orders in the near future. Yours faithfully, Frieda Jackson, Sales Manageress.

a) Sales literature, samples and a diplay kit.
b) He gives full details on prices, discounts, incentives and marketing materials.

Brief 19.2

Dear Mr. Adler, Further to your telephone call last week, I am sending you our illustrated brochure of the range of micro-wave ovens featuring 10 cooking speeds, touch sensitive controls and an automatically cleaned base with an special browning adapter. For 19— we have introduced additional colours for the popular "Speedy" range, these now being available in the following colours: white, clear blue, metalic grey, red. The ovens illustrated are just part of what many of our customers consider to be the largest range of micro-wave ovens available in one catalogue - all from high grade manufacturers whose quality controls are renowned throughout the country. Assuring you of my best services and personal attention at all times. Yours sincerely, Horst Dehnen, Vice President.

a) They have 10 cooking speeds, touch sensitive control, an automatically cleaned base and a special browning adaptor.
b) By saying that they come from well knwon manufacturers with reliable quality control.

Letter 19.3

Dear Sirs, We have pleasure in informing you that we have purchased the business of Chunnel Travel in Dover. There will be no change in the name or policies of the company which has proved to be extremely successful in the past. Indeed, we shall make every effort to maintain the tradition of quality service for which the previous owner was well known. As owners of Dover Travel, we are very familiar with the travel business and also have adequate resources to conduct the affaires of our newly acquired company efficiently. We hope that you will offer us an opportunity to prove that Chunnel Travel is able to provide the same up-to-date service as before. Yours faithfully,

a) He was well for his tradition of quality service.
b) He is the owner of Dover Travel.

Übung 19

Sehr geehrte Herren, wir haben das Vergnügen, Ihnen mitzuteilen, daß wir soeben eine Vertretung für Dampfstrahlreiniger eröffnet haben. Unsere guten Beziehungen zu dem wichtigsten Hersteller dieser Geräte erlauben uns, diese zu sehr günstigen Preisen anzubieten. Außerdem ist unser Hamburger Büro darauf eingerichtet Produkte, die nicht auf dem deutschen Markt erhältlich sind, sehr schnell zu beschaffen und zu liefern. Zögern Sie nicht, uns einen Probeauftrag mit dem der Broschüre beigelegten Bestellformular zu erteilen. Wir bieten einen Rabatt von 15% auf alle Bestellungen, die bei uns bis Ende des Jahres eingehen. Mit freundlichen Grüßen ....

Unit 20

Brief 20.1

Dear Sirs, Please reserve a single room for our Sales Manager for March 7th, 8th & 9th. He will be arriving at about 5 p.m. on the 7th and will leave mid-morning on the 9th. I would appreciate it if you could book him a room at the back of the hotel. Yours faithfully, Phyllis Philips pp. Dieter Büsser.

a) Two nights.
b) At the back.

Brief 20.2

Dear Sirs, As our overseas Sales Manager will be visiting Paris in July for the Soft Furnishings Trade Fair, he will require a small suite and access to a conference room. A single room will also be needed for his secretary on the same floor. I would appreciate it if you could let me know by return if you can reserve this accommodation from 12th to 16th July inclusive. Could you also let us have details of your charges. Yours faithfully, Mary Wright, pp J. Knight, Sales Manager.

a) He requires a small suite and access to a conference room, plus a single room for his secretary.
b) She wants confirmation of the dates and details of charges.

Brief 20.3

Dear Mr Brücke, I am writing to confirm your reservation for a single room with bath for July 12th - 15th. The room will be available after 12.30 p.m. on the 12th. As you are arriving by air, you may like to take advantage of our Airport Shuttle Service. Our minibus leaves Terminal 3 every hour on the half hour, and the service is free for guests of the hotel. Yours sincerely, Jill Evans, Manageress.

a) A single room with a bath.
b) By the airport Shuttle Service.

Übung 20

Sehr geehrter Herr ......, fünf meiner Mitarbeiter und ich selbst werden uns vom 1. - 6. März in London geschäftlich aufhalten. Bitte reservieren Sie uns zwei Einzelzimmer und zwei Doppelzimmer mit Dusche für sechs Nächte. Wir würden gerne auf dem Zimmer frühstücken und das Abendessen im Speisesaal einnehmen. Ich wäre Ihnen sehr dankbar, wenn Sie mir das gleiche Zimmer auf der Rückseite des Hotels reservieren könnten, das ich letztes Jahr hatte, da die Zimmer zur straße ziehmlich laut sind. Unsere Gruppe wird um ca 11.00 Uhr morgens in London ankommen. Da wir aber bis zum frühen Abend Besprechungen haben werden, werden wir erst kurz vor dem Abendessen um ca 19.00 Uhr bei Ihnen eintreffen. Für eine baldige Buchungsbestätigung wäre ich Ihnen sehr dankbar, um meinerseits alle nötigen Vorbereitungen für meinen Besuch treffen zu können. Mit freundlichen Grüßen ....

NEWAG[1] GmbH[2] Internationale Spedition
Prager Straße 9
D-2000[3] Hamburg 1

Tel.: (02 11) 45 32 78
Telex: 9 342 564
Telefax: (02 11) 45 21 76

Filiale:[4]
Gesipa GmbH
Niederkasseler Lohweg 9
7000 Stuttgart

Newag - Postfach[5] 322 - 2000 Hamburg 1

Einschreiben[6]

z.Hd[7]. Herrn Freudensprung   Dringend[9]

Chemie-Verlag[8] AG[10]
Brugmauer 9
D-6000 Frankfurt/am Meine

Ihre Zeichen[11]	Ihre Nachricht vom[12]	Unser Zeichen[13]	Durchwahl[14]	Datum[15]
F/KL	12/11	KS/LS	230	15/11/..

Betreff [16]: Berechnungsfehler

Sehr geehrte Herren[17],

[18]

vielen Dank für Ihren Euroscheck über 5790.00-DM vom
12. November 19... . Wir bitten Sie den
unterlaufenen Fehler zu entschuldigen und haben
den Scheck auf Ihr Konto wie gewünscht
gutgeschrieben.

Wir senden Ihnen in der Anlage eine Kopie des
Beleges.

Wir bitten Sie nochmals, den bedauerlichen Fehler
zu entschuldigen und hoffen auch in Zukunft auf
gute Zusammenarbeit.

Mit freundlichen Grüßen[19]

Dr. Klaus Schell

Anlage[20]: Belegkopie

Wir arbeiten aufgrund der Allgemeinen Deutsch. Spediteurbedingung (Dsp) [21]
Gerichsstand und Erfüllungsort ist in allen Fällen Hamburg,
Bankverbingungen: CA (BLZ 12000) Kto. 89-6574, PSK (BLZ 40000) Kto. 3409.32

Eingetragen im Handelsregister Langen , HRB 23098
Geschäftsführer
Helmut Wilms Manfred Reulecke

APPENDIX 2
Layout – the parts of a German business letter

1) The name of the company (**Der Briefkopfe**)
2) **Gesellschaft mit beschränkter Haftung** = limited company, corporation
3) International postal code (D = **Deutschland**)
4) Branch
5) P.O. Box number
6) Registered
7) **zu Händen** = attention of.
8) The inside address (**Die Anschrift**). This is the receiver's name and address and appears on the left hand side of the page, as in English business letters. Commas are not needed at the end of every line. If the company name is not included a firm is addressed as **Firma**. If the letter is to an individual, either "Herr", "Frau" or "Fräulein" is used. These are written above the name of the company. In letters to a foreign country the name of the country is underlined and the line above is left blank. This same name and address is used on the envelope.
9) Urgent
10) **Aktiengesellschaft** = limited company, corporation.
11) **Die Bezugszeichen** – in English, Your reference. This usually consists of the initials of the writer and the typist, sometimes followed by other letters and numbers (for files, dates, etc.). When replying these letters are quoted first. Sometimes the references are written under each other, it is now common practice on printed letter heads to have a complete reference line, as in this example.
12) Your letter of ...
13) Our reference
14) Telephone extension.
15) **Das Datum** = the date (sometimes written **Tag**). When the date space is not printed on the same line as the references etc., it is written at the top, opposite the last line of the inside address and preceded by the name of the locality, e.g.
Rehberg, den 3. Mai 19..
Hamburg, den 5. Juli 19..
Frankfurt, den 12.5.19..
Sometimes **den** is omitted. The following abbreviations are used: **Jan., Feb., Aug., Sept., Okt., Nov.** and **Dez.** The other months are not abbreviated.
16) Regarding. The **Betreff** line is underlined.
17) The salutation (**die Anrede**). When writing to a person whose name is known the following may be used:
Sehr geehrter Herr Rauch,
Sehr geehrte Frau Augenreich,Sehr geehrtes Fräulein Schmidt,
The equivalent of the impersonal "Dear Sirs" is **Sehr geehrte Herren.**

When writing to a person who you do not know, the following can be used:

Sehr geehrter Herr,

Sehr geehrte Damen und Herren,Sehr geehrte Dame,

A comma is used after the salutation.

18) The body of the letter. Often, but not always, the body of the letter is considered as a continuation of the Salutation and therefore, does not begin with a capital letter. German business letters are always blocked (i.e. no indentation is used).

19) The subscription or complimentary close (**der Briefschluss**). Commonest by far is **Mit freundlichen Grüßen**. Other possibilities may be encountered (e.g. **Mit freundlichen Empfehlungen** or the stiffly polite **Hochachtungsvoll**) but these now sound old-fashioned.

20) Enclosure. The plural would be **Anlagen** or **Beilagen**.

21) General information about the company

The Envelope (**der Briefumschlag**)

The address on the envelope is the same as in Note 8 above. The following additions can also be found:

Luftpost	Airmail
Per Adresse (or **bei**)	Care of
Einschreiben	Registered
Vertraulich	Confidential
Drucksache	Printed Matter
Privat	Private
Bitte nachsenden	Please forward
Post (schließ) fach	Post Box (P.O. Box)

The sender's address is written on the top left-hand corner on the front of the envelope, preceded by the abbreviation **Abs** (**Absender**).

Glossary of German and English equivalents

Separable verbs are distinguished by a diagonal stroke between the particle and the verb, e.g. **an/bieten**.

A

ab/ändern (11)	to alter, revise
Ablagesystem n. (16)	filing system
Abschlußprüfung f. (18)	final examination
ab/wickeln (4)	to conclude
ähnlich (6)	similar
Akkreditiv n. (9)	letter of credit
aktuell (2)	up-to-date
Alleinvertretung f. (14)	sole agency
Aluminiumtablett n. (2)	aluminium dish, tray
anbei (14)	enclosed, please find
an/bieten (14)	to offer one's services
Änderung f. (11)	alteration, change
Anforderung f. (7)	demand, requirement
Angaben f. (10)	particulars
Angelegenheit f. (13)	matter, business
Anhang m. (13)	appendix
ankündigen (12)	to announce
Anrufbeantworter m. (16)	answering machine
an/schließen (1)	to join
Ansehen n. (10)	reputation
Ansicht (14)	view, opinion
an/spornen (18)	to encourage
Anstellung f. (17)	position
anstreben (16)	to strive for
Antragsformular n. (13) n.	proposal form
Antwortschein m. (10)	reply-coupon
anvertrauen (16)	to entrust
an/weisen (15)	to instruct
Anzeige n. (16)	advertisement
Arbeitsnehmer m. (18)	employee
Arbeitsvertrag m. (17)	work contract
auf/fallen (13)	to be remarkable, (to notice)
aufheben (7)	to keep
aufnehmen (12)	to receive
aufrecht/erhalten (19)	to maintain
aufstreben (16)	to aspire
Auftrag m. (4)	commission, order

aus/fahren (5)	deliver, carry out
Ausfertigung f. (5)	a copy
Ausführung f. (3)	performance, assembly
ausfürlich (1)	detailed
ausgedehnt (14)	extensive
Auskunft f. (10)	information
Auspufftopf m. (8)	exhaust silencer
ausreichen (19)	sufficient
aussagekräftig (17)	expressive
ausschreiben (16)	to advertise
Außendienstmitarbeiter m. (2)	representative
außergewöhnlich (12)	unusual
aus/stehen (9)	to be outstanding
aus/stellen (8)	to show
ausüben (16)	to practice, to carry out

B

Bankauftrag m. (9)	banker's order
Baugenehmigung f. (2)	building permit
bearbeiten (8)	to deal with, to process
Bearbeitung f. (7)	processing, treatment
beauftragen (14)	to engage
bedauerlich (8)	regrettable
Bedauern n. (11)	regret
Bedingung f. (17)	condition
befaßen (16)	to concern
Befund m. (2)	findings
begleichen (9)	to settle, to pay
begrüßen (1)	to greet, welcome
Behälter m. (2)	container
bekannt/geben (19)	to announce
beliefern (5)	to supply
bemühen (9)	to take trouble, pains
benötigen (20)	to need
Bericht m. (13)	report
berücksichtigen (17)	to bear in mind
beschädigen (7)	to damage
Beschädigung f. (5)	damage
bestätigen (4)	to confirm
Bestätigung f. (10)	confirmation
Besteck n. (1)	cutlery
bestehen (11)	to insist on
in Betrach ziehen (16)	to consider
betrachten (9)	to consider
Betrag m. (8)	amount
betreffend (7)	concerned, in question
Betreuung f. (19)	devotion
Betriebsausflug m. (17)	staff outing

Bettwäsche f. (6)	bedding
Bevorzugung f. (14)	preferential treatment
bewerben (16)	to apply for
bewilligen (10)	to grant, to allow
bisher (8)	hitherto, until now

D

Darstellung f. (17)	depiction
Datenverarbeitung f. (16)	data processing
dazugehörige (2)	attached
Drehteller m. (19)	rotating plate
Dringlichkeit f. (8)	urgency
(bei) Durchsicht f. (1)	on checking

E

Ebenfalls (19)	likewise
eindeutig (7)	clearly
einfahren (16)	to bring in, to introduce
Einführungsangebot n. (1)	introductory offer
Einführungsschwierigkeiten f. (14)	difficulties of introducing
Eingang m. (8)	arrival
ein/gehen (15)	to be received
eingehend (17)	exhaustive, thorough
Einhalt m. (11)	a "stopping" of something, a "keeping to"
einheimisch (14)	native
Einkaufsleiter m. (1)	Chief Buyer
einräumen (14)	to give up, to concede, to accord
einreichen (15)	to submit, to issue
einrichten (15)	to furnish
Einschätzung f. (18)	an estimate
ein/schleichen (11)	to slip into
Einsicht f. (3)	inspection
Eintreffen n. (6)	arrival
ein/treffen (4)	to happen, to arrive
einwandfrei (5)	perfect
Einzelheiten f. (10)	details
empfehlen (10)	to recommend
Empfehlungsschreiben n. (18)	letter of recommendation
endgültig (10)	definitively
entnehmen (11)	to infer
Entscheidung f. (17)	decision
entsprechen (6)	to correspond, to match
entstehen (8)	to come into being, to arise
Enttäuschung f. (7 and 17)	disappointment
Entwurf m. (1)	design, plan
Entwurfsvorschlag m. (2)	draft proposals
erfahren (10) to	discover, to find out
Erfahrung f. (14)	experience

erfolgen (9)	to effect payment
erfolgreich (16)	successful
Erhalt m. (9)	the receipt
erhalten (1)	to get, receive
ernsthaft (9)	serious
Ersatzlieferung f. (7)	replacement
Ersatzpersonal n. (17)	replacement staff
erteilen (6)	to give, to grant
Erwartung f. (16)	expectation
erwerben (19)	to acquire

F

Fachgeschäft n. (9)	specialist shop
fachlich (12)	professional
Fähigkeit f. (17)	ability
Faß n. (5)	barrel
Fensterrahmen m. (8)	window frame
feststellen (8)	to establish, to notice
fleißig (18)	diligent
Forderung f. (13)	demand
fortführen (19)	to continue, to go on with
Fortführung f. (18)	continuation
Frachtbrief m. (15)	bill of lading
Frachter m. (13)	freighter, cargo boat
Frachtgebühren m. (2)	freight charges

G

Gebietsleiter m. (12)	area representative
Gegend f. (12)	area
Gelegenheit f. (5)	opportunity
Gelingen m. (19)	success
gemäß (7)	in accordance with
genehm (12)	agreeable, acceptable
Geschäftsführerin f. (1)	manageress
gestatten (18)	to permit, to allow
gewährleisten (15)	to guarantee
Gunst f. (15)	favour
Gutachter m. (13)	expert
Gutschrift f. (8)	credit note

H

Handwerksausrüstigung f. (8)	tool-kit
Hantel f. (7)	dumbbell
Haushaltswekzeug n. (1)	household tool
herantreten (10)	to approach
hiesig (14)	local
hin/weisen auf (+ acc.) (5)	to point out, to refer to
Hosenrock m. (3)	trouser skirts (culottes)

I

Inhalt m. (7)   contents

J

jeglicher (13)   rare form of **jeder** = each, every

K

kastanienbraun (3)   maroon, chestnut brown
kennzeichnen (5)   to clearly mark
Kiefer f. (7)   pine
Kissenbezug m. (4)   cushion cover
Kiste f. (6)   crate, box
Klarsichthaube f. (6)   "see-through" cover, hood
Kochstärke f. (19)   cooking speed
Kontoauszug m. (1)   bank statement
Kundendienst m. (10)   after-sales service
Kutsche f. (4)   carriage "lounger" with wheels

L

Lagerhaus n. (5)   warehouse
Lattenkiste f. (5)   crate
Lattenrost m. (8)   bed frame
Laufbahn f. (16)   career
lauten (16)   to say
Lebenslauf m. (16)   curriculum vitae
Leiter f. (3)   ladder
Lenkradschloß n. (1)   steering wheel lock
Lieferant (-en, -en) m. (1)   supplier
Lieferbedingungen f.pl. (1)   terms of delivery
Liefertermin m. (4)   delivery date
Lieferung f. (2)   supply, delivery, consignment
lohnend (14)   profitable, worthwhile

M

mit/teilen (1)   to inform
Mitteilung f. (12)   a communication
möglicherweise (19)   possibly
Muster n. (12)   model, sample

N

Nachläßigkeit f. (8)   carelessness, negligence
Näheres n. (5)   details, particulars
Niveau n. (16)   level

O

Oberseite f. (5)   top, 'this side up'

P

Posten m. (5)	articles
Preisänderung f. (1)	price change
Probelieferung f. (6)	trial order, delivery
Proformarechnung f. (2)	pro-forma invoice
Prospekt m. (1)	leaflet

Q

Quittung f. (9)	receipt

R

Rabatt m. (19)	discount
Reglerhahn m. (3)	regulator tap
Reihe f. (1)	series, range
Rettungsgerät n. (12)	rescue apparatus
Rückschlagventil n. (3)	non-return valve

S

Sachlage f. (7)	situation
Schaden m. (7)	damage
Schalter m. (5)	switch
schätzen (12)	to assess, to appreciate
Schnalle f. (3)	buckle
Seefrachtbrief m. (9)	bill of lading
Sensorbedienung f. (19)	touch sensitive contol
Sicherheitsgurt m. (3)	safety strap
Sonderangebot n. (1)	special offer
Sorgfalt f. (5)	care
Stecker m. (5)	plug
stets (9)	continually, always
streben (16)	to strive for

T

tadelos (19)	perfect, irreproachable
Tätigkeit f.	occupation
Termin m. (12)	an appointment

U

überein/stimmen (6)	to agree
Überlegung f. (17)	deliberation
übernehmen (19)	to take over
über/prüfen (7)	to inspect
übertragen (14)	to transfer, to render
überweisen (9)	to transfer
überzeugen (19)	to convince
Überziehung f. (9)	overdraft
üblich (7)	usual
Umfang m. (6)	size

umgehend (9)	immediate
Umstellung f. (8)	change
Unannehmlichkeit f. (8)	inconvenience
uneingeschränkten (19)	unlimited
unterhalten (16)	to talk to, to communicate with
Unterhaltung f. (17)	talk
Unterlage f. (15)	document
unverzüglich (8)	immediate

V

veranlaßen (3)	to cause, to take measures
Verbindung f. (10)	dealings
verbunden (7)	obliged, grateful
vereinbaren (12)	to arrange
Vereinbarung f. (12)	arrangement
Vergangenheit f. (14)	past
Verkaufsanreiz m. (19)	sales incentive
Verkaufsleiter Ausland m. (1)	Director of Overseas Sales
Verkaufstheke f. (19)	shop counter
Verlag m. (9)	publishing firm
vermeiden (5)	to avoid
Vermerk m. (3)	note, reference
vermitteln (14)	to impart
verpflichten (10)	to bind, to commit (oneself)
versandbereit (4)	ready for shipment
verschnüren (5)	to tie up
Versehen n. (9)	oversight
versichern (13)	to insure
Versicherungsdeckung f. (15)	insurance cover
Versicherungspolice f. (13)	insurance policy
vertraulich (10)	confidential
vertraut (14)	familiar
Vertreter m. (6)	representative, agent
Vertretung f. (14)	representation
verursachen (9)	to cause
Verzögerung f. (9)	delay
vorbildlich (18)	ideal
vorübergehend (9)	temporary
vorwiegend (16)	predominantly
vor/finden (7)	to discover, to find
vorläufig (13)	provisional
vor/stellen (1)	to present
Vorstellungsgespräch n. (16)	interview

W

Wagenheber m. (1)	jack
Wäscheschleuder f. (8)	spin-drier
weithalsige (2)	wide-necked

Werbeagentur f. (16)	advertising agency
Werbematerial n. (19)	marketing material
wohlwollend (16)	benevolent

Z

Zahlungsfähigkeit (10)	solvency
Zahlungsfrist f. (9)	time allowed for payment
zerbrechlich (5)	fragile
Zollbeamte(r) (13)	customs official
Zollbeleg m. (15)	custom receipt
Zubehör n.pl. (5)	accessories
Zufriedenheit f. (4)	satisfaction
zurückfahren (9)	to trace something back to something
zurücknehmen (11)	to take back, to cancel
zurückziehen (11)	to withdraw
zusätzlich (17)	additional, extra
zusenden (3)	to forward, to send on
Zusicherug f. (19)	assurance
Zustand m. (6)	stage, condition
zuverlässig (19)	reliable
zuvorkommend (12)	obliging
zwingen (11)	to force